外研社·供高等学校日语专业使用

新经典日本语

听力教程 第二册

第三版

总主编 / 于 飞

主 审 / 修 刚 陈 岩 大工原勇人〔日〕

主 编 / 罗米良 苏君业 刘晓华

副主编 / 刘 艳 李冠男 宋 岩

外语教学与研究出版社

北京

图书在版编目 (CIP) 数据

新经典日本语听力教程. 第二册 / 罗米良，苏君业，刘晓华主编；刘艳，李冠男，宋岩副主编. —— 3 版. —— 北京：外语教学与研究出版社，2024.3
（新经典日本语 / 于飞总主编）
ISBN 978-7-5213-5122-4

I. ①新… Ⅱ. ①罗… ②苏… ③刘… ④刘… ⑤李… ⑥宋… Ⅲ. ①日语–听说教学–高等学校–教材
Ⅳ. ①H369.9

中国国家版本馆 CIP 数据核字 (2024) 第 052579 号

出 版 人	王　芳
项目策划	杜红坡
责任编辑	杜梦佳
责任校对	杨靖茜
装帧设计	彩奇风
出版发行	外语教学与研究出版社
社　　址	北京市西三环北路 19 号（100089）
网　　址	https://www.fltrp.com
印　　刷	大厂回族自治县益利印刷有限公司
开　　本	880×1230　1/16
印　　张	15.5
版　　次	2024 年 3 月第 3 版　2024 年 3 月第 1 次印刷
书　　号	ISBN 978-7-5213-5122-4
定　　价	78.00 元

如有图书采购需求，图书内容或印刷装订等问题，侵权、盗版书籍等线索，请拨打以下电话或关注官方服务号：
客服电话：400 898 7008
官方服务号：微信搜索并关注公众号"外研社官方服务号"
外研社购书网址：https://fltrp.tmall.com

物料号：351220001

记载人类文明
沟通世界文化
www.fltrp.com

第三版序

近年来，随着我国现代化进程的持续深入与高等教育水平的不断提高，我国高等院校外语专业在人才培养模式、课程设置、教学内容、教学理念与教学方法等方面发生了很大变化。为了适应新时代的教学需求，在对全国不同类型院校日语专业教学现状进行调研的基础上，大连外国语大学和外语教学与研究出版社共同组织中日两国专家和一线教师，编写了"新经典日本语"系列教材。

本系列教材自出版以来，得到我国高等院校日语专业教师的广泛认可，受到使用院校的普遍好评。为了紧跟新时代日语教育发展的步伐，将党的二十大精神有机融入教材，落实立德树人根本任务，更好地服务于中国高等院校日语专业教学，全体编写人员一致认为有必要对本系列教材再次进行修订。为此，大连外国语大学组织60余名专业教师和9名日籍日语教育专家，在收集整理使用院校意见后，由主编统筹修订方案，专家审订修订内容，编写团队多轮反复修改，历时两年完成了本次修订。本次修订，我们重点对教材中解释说明部分的科学性、会话内容与现实生活的结合度、例句的典型性、练习的针对性、录音及情境图示的生动性等进行了深入的研讨，修改了学习目标、句型、注解、解析、导入、练习等板块中的部分内容，替换了非典型例句、与知识点不同步的练习题及不明确的提示图片等。

"新经典日本语"系列教材包括基础教程、听力教程、会话教程、阅读教程、写作教程、高级教程、口译教程、笔译教程，具有以下特色。

一、第三版的设计和编写兼顾两个标准。

依据《普通高等学校本科专业类教学质量国家标准（外国语言文学类）》《普通高等学校本科日语专业教学指南》的培养目标、培养规格（素质要求、知识要求、能力要求）以及课程体系的要求编写，将立德树人作为教育、教学的首要任务，专业课程与课程思政同向同行。同时，在日语能力培养方面参照《JF日语教育标准》（日本国际交流基金会），采用进阶式日语能力设计模式。此外，本系列教材还强调同一阶段不同课程间的横向衔接，重视不同课程在教学上的相互配合和知识互补，旨在解决不同课程在教学目标、教学内容、课时分配等方面因相对独立所形成的矛盾和冲突。本系列教材将日语专业学习分为基础阶段和高年级阶段。基础阶段"学习日语"，培养学生的日语学习能力与语言运用能力；高年级阶段"用日语学"，培养学生的跨文化交际能力、思辨能力与研究能力。

二、突显现代教育认知理论在教学中的指导性。

为使教材在教学中发挥更积极的作用，在编写和修订过程中，我们吸收和借鉴了现代外语教育中的先进理念。虽然日语听、说、读、写、译能力的培养目标和培养模式有所不同，但理论和实践证明：外语习得的过程必须符合学习者的认知规律才能取得良好的效果。因此，本系列教材是在认知理论的指导下，贯彻相应的教学理念，结合了不同课程的特点设计编写而成的。

三、强调"任务型教学法"在教学中的运用。

外语学习不仅是语言知识积累的过程，更是学习者根据学习体验进行归纳、假设、推论、演绎的过程。因此，本系列教材既重视学生在课堂教学中的参与度，也强调学生课下自主学习的重要性。教师不再仅仅是语言知识的传授者、解释者，也是学习环境的创建者、学习任务的设计者。

四、构建内容充实、形式多样的立体化教学服务体系。

本系列教材除纸质版教材、配套音频外，还依托"U校园智慧教学云平台"，提供了标准化、规范化的课件、教案、微课视频、示范课、题库等，助力打造智慧课堂。

最后，感谢外研社领导和各位编辑多年来的陪伴和支持，正是这种精益求精的匠人态度、力争上游的进取精神，才成就了"新经典日本语"系列教材。同时，感谢使用院校的各位老师和同学对"新经典日本语"系列教材的关注和支持，更感谢在教材修订过程中提出宝贵意见的各位同仁。我们希望通过本次修订，使"新经典日本语"系列教材能更好地为中国高等院校日语专业教学提供服务。

"新经典日本语"系列教材编委会

2024年3月

前　言

　　《新经典日本语听力教程（第三版）》是以高等院校零起点的日语专业学生为对象，以培养学生听解能力为目标的日语专业听力教材，由中日两国长期从事日语教育的一线教师共同努力编写而成。《新经典日本语听力教程（第三版）》共八册（主教材第一至第四册、精解与同步练习第一至第四册），分别对应日语专业一、二年级的四个学期。第一、二册以任务型专项训练模式为主，重点培养学生基础听解能力；第三、四册以话题型专项训练模式为主，让学生了解日本社会诸多领域知识，重点培养学生综合听解能力。

　　在现实生活中，"听"的主要目的是获取有用信息，而非听出全部信息。如果听力训练要求学生听懂全部内容，就会给学生一种错误的引导，也会给训练的过程增加额外的负担。本教材在编写过程中遵循听解过程中"自上而下"和"自下而上"的信息处理原理，充分吸收了认知科学、第二语言习得等领域有关听力教学研究的先进理念和最新成果，结合了日语专业听力教材的编写经验以及听力课程的授课经验，科学地选取听力材料，合理地设计教材结构，全方位整合了各项资源。

　　本套教材以《外国语言文学类教学质量国家标准》和《普通高等学校本科日语专业教学指南》为依据，参照《JF日语教育标准2010》编写而成。在编写设计上，主要体现以下几个特点：

1. 选材真实生动，文化内涵丰富，有利于激发学生学习的积极性。

　　　本套教材注重选材的广泛性、实用性、知识性、趣味性，也强调时尚性和前卫性。所选素材真实、生动，大量使用实景图片、图表和插画。内容涵盖社会、文化、经济、自然、科学、娱乐等诸多领域。同时结合中国日语教育的特点，注重日语教材的本土化，把课程思政建设充分体现在教材中。比如把中国的传统节假日说法、中国的城市介绍、中国的自然风光和人文景色等诸多中国元素植入教材，在话题中自然融入中日两国不同的文化元素，有助于培养学生的家国情怀和跨文化交际能力。

2. 训练模式得当，符合听力训练规律，有利于培养学生获取有效信息的能力。

　　　本套教材每课都围绕主题设定了清晰的教学目标、听力训练任务以及话题，通过任务型和话题型的听力训练，让学生掌握从繁多的干扰信息中获取有效信息的技巧。

3. **听解任务设计循序渐进，符合听力教学规律，有利于培养学生逐步掌握听力技巧。**

本套教材围绕"听解"这一主线，设计了"听力要点"及"单词和语句"等诸多环节，引导学生从复杂的对话或叙述中听取与任务相关的关键信息，使学生能够在日常学习过程中自然地掌握听力技巧。在听解能力培养上，从对语音、词汇、短句、对话、文章的理解，到听写、归纳、复述、中日文互译等训练，都充分体现了循序渐进的学习规律，符合第二语言习得原理。

4. **以产出为导向，重视语言输入与输出衔接，有利于培养学生语言综合运用能力。**

本套教材分别设计了"听辨""听选""听写""跟读""试说""听译"等环节，强化语言输入与输出的衔接，以"写、说、译"来促进对学生听解能力的培养，最终实现提高语言综合运用能力的教学目标。

5. **板块设置辅助自主学习，内容更新融入中国元素。**

本次修订是在前两版基础上的全新升级，一方面重新设计了教学板块与自主学习板块，并更新了素材，使教材更方便使用，内容更符合当下社会发展需要，更贴近实际生活。另一方面进一步提升了教材中中国元素的比重，使教材课程思政特色更加鲜明。

6. **专业录音，语音优美自然，教辅资源配套齐全。**

本套教材由日本专业播音员录制音频，语音地道纯正。配套的《新经典日语听力教程精解与同步练习册》，除了提供听力原文及答案以外，还重点为师生提供了理解内容、拓展知识的"解析"模块，并针对每课内容精心编写了综合练习题。另外，教材配套的课件、题库等教辅资源为教学提供有力的支持。

在编写过程中，我们借鉴和吸收了众家之长，形成了自己的创新理念，但囿于学识和经验，在教材设计编写中尚存在不足之处。我们诚挚地希望业界专家和兄弟院校不吝赐教，提出批评和建议，敦促我们不断改进，以使本套教材日臻完善。

《新经典日本语听力教程》编写组

2024年3月

使用说明 💡

教学安排与教材内容简介

《新经典日本语听力教程第二册（第三版）》是日语专业一年级第2学期的听力课程用书。全书共16课，每学期16周，每周4学时（4节课）。每课包含两个活动内容（活动1和活动2），每个活动的授课时间为2学时。每周学习1课，1学期学完本教材。

第1课～第15课的内容分3个部分：目标、活动1和活动2。第16课为综合测试（注：第1～16课的听力原文和解析内容详见《新经典日本语听力教程第二册（第三版）精解与同步练习册》）。

第1课～第15课，每课2个活动，每个活动设计了3个板块，分别是：

学生课前自习内容	>>>	课前预习（「聞く前に」）
师生课堂学习内容	>>>	课堂听力训练（「基礎編」）
学生课后自习内容	>>>	课后自主学习（「応用編」及精解与同步练习册的「練習問題」）

课前预习部分和课后自主学习部分为学生课外学习内容，原则上不在课堂上进行练习、讲解。课堂讲授主要使用课堂听力训练部分，内容包括：基础篇的第一～五大题，分别是：

基础篇（「基礎編」）

| 「聞いて選びましょう」 | >>> | 听选模块（第一～三大题） |
| 「聞いて書き入れましょう」 | >>> | 听写模块（第四～五大题） |

课后自主学习部分的应用篇为第六～九大题，分别是：

应用篇（「応用編」）

「聞いて書き入れましょう」	>>>	听写模块（第六～七大题）
「シャドーイングしてみましょう」	>>>	跟读模块（第八大题）
「話してみましょう」	>>>	试说模块（第九大题）

为了方便教师更好地使用本教材进行教学，我们将以第6课的活动1为例介绍教材的内容，并提出本教材的几点使用建议：

■ 「聞く前に」

该部分既可供学生课前预习，也可作为课堂热身环节，供教师在授课中使用。建议学生课前做好充分的预习。该模块设计了2～3个问题，并提供了相应的重点词句。为方便学生理解题目要求，题干后都配有中文译文。学生在预习时可通过查阅工具书、利用网络资源等方式了解并掌握相关信息，然后认真听录音，试着回答录音中所提的问题。

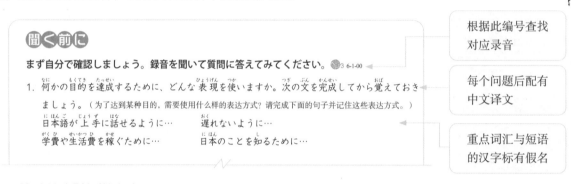

根据此编号查找
对应录音

每个问题后配有
中文译文

重点词汇与短语
的汉字标有假名

基础篇(「基礎編」)

■ 「聞いて選びましょう」

该部分设计了3种训练方式，设题号为"一""二""三"。

第一大题为看图听录音判断正误题。根据图片信息判断录音内容与图片是否一致。重点是听辨语音、学习录音中涉及的日语表达方式。学生在听录音前，可以先阅读"听力要点"，了解本题要听的重点内容，掌握听的技巧。

帮助学生明确该
训练的重点

判断录音内容与
图片是否一致

第二大题为听录音选择图片题。根据所听的录音内容，从A、B选项中选择与录音内容一致的一项。听录音之前要先读取图片信息，判断A、B选项的主要区别，然后有针对性地听出录音中的有效信息。听录音时要注意捕捉描述图片之间主要区别的关键信息，努力排除其余语言信息的干扰，无须听懂所有信息。

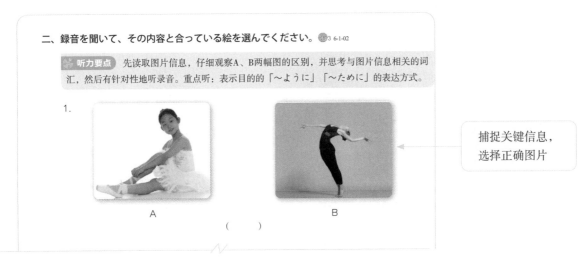

第三大题为文字信息听选题。要求学生学会判断与录音内容一致的信息。学生应学会捕捉两个选项间文字信息的区别，同时要注意录音中的表述是肯定还是否定。

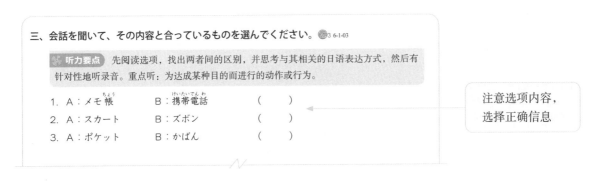

□ 「聞いて書き入れましょう」

该部分设计了2种训练方式，设题号为"四""五"。要求能正确听写，即要注意日语的正确书写方式，如有汉字的词汇要写日语汉字，外来语要用片假名书写等。

第四大题为记录关键信息题。录音为一组简短的对话，要求听写出关键信息。关键信息指对话中提到且需要记录、归纳的重要信息。

四、次は買い物についての会話です。買い物の目的を中心に会話を聞いて、例のように書いてください。🔊3 6-1-04

听力要点 阅读给出的题目信息，仿照例题，有针对性地记录录音中的关键信息。

例 女の人は 一人暮らし のために、 冷蔵庫 を探しています。

听录音，准确记录关键信息

1. 女の人は、_____ ために、_____ を買いました。
2. 女の人は、_____ のために、_____ を買いました。

第五大题为归纳关键信息题。录音为一组简短的对话，要求根据对话补充关键信息。关键信息指对话中提到且需要记录、归纳整理的重要信息。

五、会話を聞いて、例のように書いてください。🔊3 6-1-05

听力要点 阅读给出的题目信息，仿照例题，有针对性地归纳录音中的关键信息。

例 英語の授業で発表する ために、本を読んでまとめます。

根据录音内容归纳关键信息

1. _____ のために、上海へ行きます。
2. _____ のために、スーツを買います。

□ 「単語と表現-1」

该部分罗列了本课第一大题至第五大题中的重点词汇以及表达方式，要求学生课前认真预习，课后牢固掌握。教师在课堂上对此部分内容可不作讲解。

应用篇（「応用編」）

□ 「聞いて書き入れましょう」

第六大题为图表内容听写题。录音以介绍的方式解释图表内容，要求学生根据录音将图表中的内容补充完整。学生可在听录音前先浏览图表内容，并预测图表中编号处的内容，然后按顺序听写对应的信息。

第七大题为原文听写题。录音播放三遍。第一遍为正常语速的播放，中间不停顿；第二遍为单句播放，每句之间有间隔；第三遍为正常语速的播放。听写方法可以因人而异，通过一段时间的练习后让学生总结出适合自己的听写方式。建议的练习方式是：第一遍听录音时，把握短文大意，在空格处作标记，如记录填写内容的第一个假名等；第二遍听录音时，利用停顿时间填写完整内容；第三遍听录音时，确认填写是否正确。

□ 「シャドーイングしてみましょう」

该部分只设一种跟读形式，设题号为"八"。主要供学生课余训练使用。在前几课的课堂教学中建议教师作示范练习，然后让学生利用课余时间反复跟读训练。教师还可以在下一次课堂教学开始前，检查学生跟读训练的结果。

学生在练习时，重点注意语音、语速、语调的模仿与练习，反复同步跟读录音内容，要求达到与录音基本相同的熟练程度。要注意与复述练习方式的区别，学生要在录音响起后0.5秒内立刻开始跟读，直至录音结束。初期练习时可以按照每一小题为一段的方式进行分段练习。习惯后也可将第八题作为一个整体进行跟读训练。如果有条件，可将自己跟读的语音录制下来，通过对比，发现与录音中语音的区别，不断总结自身的不足之处。

□ 「話してみましょう」

该部分设题号为"九"。内容与活动内容基本相关，供学生进行会话练习。通过会话这种语言输出的方式，来巩固和消化所听到的语言输入的内容。该部分可供学生课后自行练习使用。教师可让学生将练习结果上传至"U校园"或在课堂上抽查学生，让其展示会话练习。

□ 「単語と表現-2」

该部分罗列了本课第六大题至第八大题中的重点词汇以及表达方式，要求学生课前认真预习，课后牢固掌握。教师在课堂上对此部分内容可不作讲解。

教材术语使用说明

本书中的符号含义如下：

符号	日文含义	中文含义
N	名詞	名词
V	動詞	动词
イA	イ形容詞語幹	イ形容词词干
ナA	ナ形容詞語幹	ナ形容词词干
／	または	或者
[ ]	品詞	词类
( )	説明	解释

本教材作为高等院校日语专业使用的教材，主要考虑到教师使用和学习者学习方便，既重视中国日语教学的传统做法，又吸收了近年来日本的日语教育语法和国内日语语法教学改革的做法，对词类和动词活用做了如下规定：

单词部分的词类规定如下：

(1) 词类用日文表示，如［名］［ナ形］等。

(2) 一个词兼有两种以上词类时，中间用"·"隔开。

(3) 词类在本教材中的表现形式如下。

［名］名词	［代］代词	［サ］サ行变格活用动词
［イ形］イ形容词	［ナ形］ナ形容词	［助数］量词
［取り立て助］提示助词	［連体］连体词	［副］副词
［感］感叹词	［接頭］接头词	［連語］词组
［接続］接续词	［自］自动词	［接尾］接尾词
［五］五段活用动词	［終助］终助词	［他］他动词
［カ］カ行变格活用动词	［上一］上一段活用动词	［下一］下一段活用动词

动词活用规定如下：

本教材	学校语法	日语教育语法	词例（書く）
ない形	未然形①＋助动词"ない"	ない形・否定形	書かない
意志形	未然形②＋助动词"う／よう"	意志形	書こう
动词连用形Ⅰ	连用形①＋助动词"ます"	ます形	書き
动词连用形Ⅱ	连用形②＋接续助词"て"	て形	書いて
	连用形②＋助动词"た"	た形	書いた
基本形	终止形	基本形・字典形	書く
连体形	连体形	基本形・字典形	書く
命令形	命令形	命令形	書け！
ば形	假定形＋接续助词"ば"	ば形・假定形	書けば
可能形	可能动词	可能形	書ける
被动形	未然形①＋助动词"れる／られる"	被动形	書かれる
使役形	未然形①＋助动词"せる／させる"	使役形	書かせる

本册执笔分工

第1课、第2课   刘　艳

第3课、第5课   罗米良

第4课、第10课、第11课、第12课   刘晓华

第6课、第13课、第15课   苏君业

第7课、第14课   宋　岩

第8课、第9课   李冠男

第16课   全　体

日语审订   大工原勇人

目录

听力任务	语言知识点
表示个人愿望 表示个人决定 团体、组织的决定或规定	表示愿望的助动词「～たい」 表示决定或规定的句型「～にする・～になる」
表示功能、机能、功效 表示人物能力、可能性	表示能力和可能性的动词「できる」 表示能力和可能性的句型「～ことができる」
人物外貌、喜好、观念的变化 事物的发生、发展及结果的变化	表示变化的句型「イA～くなる・ナA～になる」「～ようになる・～なくなる」
表示交通工具、移动方式 表示动作的顺序与指示	表示顺序的句型「～てから」「～（の）前に」「～た後で・の後で」
人物的动作、行为 事物状况、结果	有关补助动词的句型「～てある・～ておく・～ていく・～てくる」
动作、行为的目的或动机 对他人发出的命令、指令	表示目的或动机的句型「～ように・ないように・ために」 表示命令或禁止的句型「～なさい」「～な」「～ください」和动词的命令形
日常生活中与赠送礼物有关的信息 授受关系中包含的信息	表示授受关系的句型「～をあげる／さしあげる・もらう／いただく・くれる」「V-てあげる／さしあげる・もらう／いただく・くれる」
人物的样态、物体的状态 即将发生的动作、行为 比喻、例举	表示样态、比喻的助动词「ようだ・そうだ・らしい」

听力任务

听力任务	语言知识
传闻内容、信息来源、判断与转述 主观感受和推测	表示传闻的助动词「そうだ」 表示推测或判断的助动词「ようだ・らしい」
提示条件与说明结果 物品的功能说明 问路	表示条件关系、假设关系的「と・たら・ば」的用法
话题的假设、设定、提议 基于假设前提下的说明 由「たら・と」表示的已发生的事态	表示假设关系、条件关系的「なら・と・たら」的用法
用被动句表述的个人经历、客观评价 用被动句表述的受损经历	表示被动的句型「れる・られる」
用使役句发出的指示、指令、要求 行动顺序和事物发展的顺序	表示使役的句型「せる・させる・（さ）せられる」
在家庭、学校、职场中所使用的自谦语 在家庭、学校、职场中所使用的尊敬语	表示自谦语的句型「お+动词连用形Ⅰ+する・いたす」 表示尊敬语的句型「お+动词连用形Ⅰ+です・お+动词连用形Ⅰ+になる」 常用的敬语固定表达方式
车站、商店等公共场所的广播 与天气、交通、花粉等相关的广播 内容简单的新闻广播	敬语的表达及应用 各种广播涉及的专业术语、表达方式及主要内容

第 **1** 課

願望・決定

目标

① 能听懂愿望和决定

② 掌握表示决定的表达方式

③ 掌握听愿望和决定的技巧

【1-1】どんな仕事をしたいん
ですか

◆ 希望从事的工作

◆ 兴趣、爱好

活动 2

【1-2】昼ご飯は何にしますか

◆ 餐饮店的种类

◆ 菜肴的名称

◆ 如何点菜

1-1 ▶ どんな仕事をしたいんですか

聞く前に

まず自分で確認しましょう。録音を聞いて質問に答えてみてください。 🔊MP3 1-1-00

1. あなたは将来（しょうらい）どんな仕事（しごと）をしたいですか。次（つぎ）の言葉（ことば）を予習（よしゅう）しましょう。（你将来想从事什么工作？预习一下下列词语吧！）

   会社員（かいしゃいん）　ガイド　店員（てんいん）　花屋（はなや）　ヘルパー　教師（きょうし）　農家（のうか）　通訳（つうやく）　記者（きしゃ）
   配達員（はいたついん）　事務職員（じむしょくいん）

2. あなたは将来専業主婦（しょうらいせんぎょうしゅふ）についてどう思（おも）っていますか。次（つぎ）の言葉（ことば）を使（つか）って答（こた）えてみてください。（对于成为家庭主妇，你有何看法？请用下列词语试着回答。）
   ・なりたい　　　　子育（こそだ）てに専念（せんねん）する
   ・なりたくない　　自分（じぶん）の仕事（しごと）

基礎編

▶ 聞いて選びましょう

一、録音を聞いて、その内容と合っているものに○を、違うものに×をつけてください。

🔊MP3 1-1-01

🔊**听力要点** 快速观察图片，同时思考与图片信息相关的日语表达方式。

1. ＿＿＿＿＿＿＿＿＿＿　2. ＿＿＿＿＿＿＿＿＿＿　3. ＿＿＿＿＿＿＿＿＿＿

4. _____   5. _____   6. _____

二、会話を聞いて、その内容と合っている絵を選んでください。 🎧 1-1-02

> **听力要点** 先读取图片信息，仔细观察A、B两幅图的区别，并思考与图片信息相关的词汇，然后有针对性地听录音。

1.

A

B

(　　)

2.

A

B

(　　)

3.

A   B

(   )

4.

A   B

(   )

三、録音を聞いて、その内容と合っているものを選んでください。 MP3 1-1-03

> **听力要点** 先阅读选项，找出两者间的区别，并思考与其相关的日语表达方式，然后有针对性地听录音。

1. A：中華料理の店でアルバイトをすること
   B：中華料理の店を作ること　　　　　　（　　　）
2. A：今日からホテルで研修する
   B：今日からレストランで研修する　　　（　　　）
3. A：自分の趣味の柔道について
   B：柔道クラブについて　　　　　　　　（　　　）

聞いて書き入れましょう

四、会話を聞いて、例のように書いてください。 MP3 1-1-04

> 🔊 **听力要点** 阅读给出的题目信息，仿照例题，有针对性地记录录音中的关键信息。

> **例** 旅行会社の社員になりたい理由は＿あちこち旅行に出かける＿ことができるからです。

1. ヘルパーの仕事をしたいのは多くの老人の＿＿＿＿＿＿＿たいからです。
2. 営業 マンになるのはこれから＿＿＿＿＿＿＿を作りたいからです。

五、録音を聞いて、例のように書いてください。 MP3 1-1-05

> 🔊 **听力要点** 阅读给出的题目信息，仿照例题，有针对性地归纳录音中的关键信息。

> **例** 男 の人は日本の大学で＿コンピューター＿を勉強したいです。

1. 男 の人は将来＿＿＿＿＿＿＿仕事をしたいと言っています。
2. 女 の人は将来＿＿＿＿＿＿になりたいと言っています。

単語と表現-1

配達員	送货员	持ち帰る◎③	帯回
ヘルパー①	护理员	研修◎	进修，研修
世話②	照顾	身につける	掌握
営業マン	业务员	柔道①	柔道
エプロン①◎	围裙	大歓迎	非常欢迎
事務員②	职员	ツアー①	旅行团；旅行
回る◎	巡视	力になる	得力
ビジネスマン④	商务人员	体の不自由な人	行动不便的人；残疾人
就職する◎	就业	尊敬する◎	尊敬
長男①③	长子	貿易会社	贸易公司
農家①	农民	ソフトウェア④	软件
専業主婦⑤	全职主妇	開発◎	开发
片付ける④	整理	受講する◎	听课
子育て②	育儿		

応用編

> ▶ **聞いて書き入れましょう**

六、録音を聞いて、絵の内容を完成してください。 MP3 1-1-06

> 🎧 **听力要点** 注意图片中给出的信息，提取录音中的关键信息后，完成下面的内容。

コックの仕事はおいしい
1. ＿＿＿＿＿＿＿こと。

配達員の仕事はお客さん
の 2. ＿＿＿＿＿＿＿こと。

ヘルパーの仕事は体の不自由な
人の 3. ＿＿＿＿＿＿＿こと。

会社員の仕事は 4. ＿＿
＿＿＿＿＿＿こと。

七、録音を聞いて、＿＿＿＿＿に適当な言葉を書き入れてください。録音は3回繰り返します。 MP3 1-1-07

> 🎧 **听力要点** 听写原文，注意日语的正确书写方式。

　　50代の人に「年をとって仕事をやめたら何をしたいですか」と聞きました。田中さんは「趣味が写真を撮ることですから、いろいろなところへ出かけて、きれいな写真をたくさん ①＿＿＿＿＿＿＿」と答えました。鈴木さんは「都会の生活は疲れるから、田舎に ②＿＿＿＿＿＿＿」と言っています。そして、自分で米や野菜を作ってゆっくり ③＿＿＿＿＿＿＿みたいそうです。木村さんはアルバイトでもいいから、何か ④＿＿＿＿＿＿＿と話していま

す。前田さんは「今まで忙しくて夫婦で海外旅行をしたことがないので、妻と二人で世界中を⑤＿＿＿＿＿＿＿＿＿」と言っています。

▶ シャドーイングしてみましょう

八、録音を聞きながらシャドーイングしてみましょう。 MP3 1-1-08

🔊 **听力要点** 注意语速、语音、语调。反复跟读录音，直至熟练。

1. 女：大学でどんな生活を送りたいですか。
   男：僕は勉強に専念したいです。将来研究者になりたいですから。
2. 男：将来どんな仕事をしたいですか。
   女：仕事ですか。実は私は仕事より専業主婦になりたいんです。
3. 女：どうして公務員になりたいのですか。
   男：理由はいろいろありますが、一番の理由はやっぱり生活や人生が安定するからです。
4. 女：あのう、すみません。この荷物を上海に送りたいんです。
   男：上海ですか。こちらに宛先のご住所と電話番号をご記入ください。
5. 女：あのう、携帯で撮った写真をプリントしたいんですけど。
   男：写真のプリントなら、コンビニでもできますよ。

▶ 話してみましょう

九、あなたは将来どんな仕事をしたいですか。それについて友達と話してみてください。

MP3 1-1-09

単語と表現-2

ナビ①	导航	運転免許⑤	驾照
求人情報	用人信息，招聘信息	資格⓪	资格（证）
コック①	厨师	年を取る	上年纪

1-2 昼ご飯は何にしますか

聞く前に

まず自分で確認しましょう。録音を聞いて質問に答えてみてください。 MP3 1-2-00

1. お宅の近くにどんな料理屋がありますか。次の言葉を予習しましょう。（你家附近都有什么饭店？预习一下下列词语吧！）

   居酒屋　　すし屋　　うどん屋　　ラーメン屋　　ファミリーレストラン

2. あなたは料理屋でよく何を食べますか。次の言葉を予習しましょう。（你在饭店一般都吃什么饭菜？预习一下下列词语吧！）

   ステーキ　　カレーライス　　オムライス　　うな重　　牛丼　　餃子

   ラーメン　　ピザ

3. あなたは喫茶店でよくどんな飲み物を注文しますか。次の言葉を予習しましょう。（你在咖啡馆常点什么饮品？预习一下下列词语吧！）

   コーヒー　　紅茶　　ウーロン茶　　オレンジジュース　　ラムネ　　ミルクティー

基礎編

聞いて選びましょう

一、録音を聞いて、その内容と合っているものに○を、違うものに×をつけてください。

MP3 1-2-01

听力要点 快速观察图片，同时思考与图片信息相关的日语表达方式。

1. ＿＿＿＿＿＿＿＿　　2. ＿＿＿＿＿＿＿＿　　3. ＿＿＿＿＿＿＿＿

4. ＿＿＿＿＿＿＿＿＿　　5. ＿＿＿＿＿＿＿＿＿　　6. ＿＿＿＿＿＿＿＿＿

二、会話を聞いて、その内容と合っている絵を選んでください。 MP3 1-2-02

> 🔊 **听力要点**　先读取图片信息，仔细观察A、B两幅图的区别，并思考与图片信息相关的词汇，然后有针对性地听录音。

1.

A

B

（　　　）

2.

A

B

（　　　）

3.

A

B

（　　　）

4.

A

B

（　　　）

三、会話を聞いて、その内容と合っているものを選んでください。 MP3 1-2-03

🔊 听力要点　先阅读选项，找出两者间的区别，并思考与其相关的日语表达方式，然后有针对性地听录音。重点听：表示决定的表达方式「～にする／になる」。

1．A：寿司の盛り合わせ　　　　　B：刺身の盛り合わせ　　　（　　　）
2．A：国立大学　　　　　　　　　B：私立大学　　　　　　　（　　　）
3．A：貿易会社で働くこと　　　　B：ホテルで働くこと　　　（　　　）

> **聞いて書き入れましょう**

四、会話を聞いて、例のように書いてください。 MP3 1-2-04

🔊 听力要点　阅读给出的题目信息，仿照例题，有针对性地记录录音中的关键信息。

例）田中さんは＿＿うな重＿＿にしました。

1．第2外国語は＿＿＿＿＿＿＿＿＿にしました。
2．修学旅行は＿＿＿＿＿＿＿＿＿ことになりました。

五、会話を聞いて、例のように書いてください。 MP3 1-2-05

听力要点 阅读给出的题目信息，仿照例题，有针对性地归纳录音中的关键信息。

例 男の人は昼ご飯は＿＿カレーライス＿＿にしました。

1. 女の人は飲み物は＿＿＿＿＿＿＿＿にしました。

2. 結婚式に参加する時、男の人はスーツに＿＿＿＿＿＿＿＿＿＿＿をします。

単語と表現-1

定食⓪	套餐	盛り合わせ⓪	拼盘
うな重②	烤鳗鱼盒饭	決める⓪	决定
柔道着③	柔道服	決まる⓪	定下来
すき焼き定食	日式牛肉火锅套餐	不景気②	不景气
ステーキ定食	牛排套餐	履修する⓪	选修
油っこい⑤	油腻的	有馬温泉	有马温泉（兵库县地名）
カツ丼⓪	猪排盖饭	六甲山	六甲山（兵库县山名）
富良野	富良野（北海道地名）	日替わり定食	当日指定套餐
ラベンダー②	薰衣草	ミルクティー④	奶茶
剣道①	剑道	ロールケーキ④	蛋糕卷

応用編

> **聞いて書き入れましょう**

六、会話を聞いて、絵の内容を完成してください。 (MP3) 1-2-06

> **听力要点** 注意图片中给出的信息，提取录音中的关键信息后，完成下面的内容。

どの定食でも 1. ＿＿＿＿＿＿＿、ごはん、みそ汁、漬物がついている。

2. ＿＿＿＿＿＿＿もついてある。

上は定食の値段、下は 3. ＿＿＿＿＿＿＿の値段。

4. ＿＿＿＿＿＿＿でも注文できる。

チキンカツ定食　980 (1,029)
●チキンカツ ●キャベツ ●ごはん ●味噌汁 ●漬物　単品 700 (735)

チーズチキンロール定食　1,080 (1,134)
●チーズチキンロールフライ ●キャベツ ●ごはん ●味噌汁 ●漬物　単品 800 (840)

レディース御膳　1,280 (1,344)
●海老フライ ●クリームコロッケ ●キャベツ ●ごはん ●味噌汁 ●漬物 ●デザート

梅しそカツ定食　1,280 (1,344)
●梅しそカツフライ ●キャベツ ●ごはん ●味噌汁 ●漬物　単品 1,000 (1,050)

七、録音を聞いて、＿＿＿＿＿＿に適当な言葉を書き入れてください。録音は3回繰り返します。 (MP3) 1-2-07

> **听力要点** 听写原文，注意日语的正确书写方式。

　　皆さんは「消費税」という言葉を聞いたことがありますか。日本では①＿＿＿＿＿＿を買うと、その②＿＿＿＿＿＿のほかに、消費税を支払わなければならないことになっています。例えば、店で100円の物を買う時③＿＿＿＿＿＿に行くと、110円を支払うことになります。多く払ったその10円が消費税です。たった10円はたいした④＿＿＿＿＿＿ではないと思うかもしれません。しかし、⑤＿＿＿＿＿＿時のように大きな買い物をする場合、たくさんの消費税を支払わなければなりません。

シャドーイングしてみましょう

八、録音を聞きながらシャドーイングしてみましょう。 MP3 1-2-08

> 🎧 **听力要点**　注意语速、语音、语调。反复跟读录音，直至熟练。

1. 男：一緒にお昼食べない？

   女：あ、ごめん。もう食べちゃった。

2. 女：一緒にお昼食べない？

   男：うん、いいね。何食べたい？

3. 女：留学先はもう決まった？

   男：うん。東京にしたんだ。

   女：やっぱり東京か。私は京都にしたけど。

4. 男：引っ越したマンションでペットを飼いたいけど、大丈夫かな。

   女：それは管理人に確認したほうがいいですね。

5. 男：国慶節は瀋陽に行きたいけど、高鉄のチケットは取れるかな。

   女：高鉄のチケットは取れなくても、高速バスにすればいいですよ。

話してみましょう

九、あなたはよく外食しますか。友達と日本語で料理を注文してみてください。 MP3 1-2-09

単語と表現-2

メインの料理	主菜	商品①	商品
デザート②	饭后甜点	定価⓪	定价
指定する⓪	指定	消費税③	消费税
単品⓪	单件，单点	支払う③	支付

能力・可能性

❶ 能听懂对功能和能力的描述

❷ 掌握表示功能和能力的表达方式

❸ 掌握听有关功能和能力的表达方式的技巧

【2-1】パソコンでいろんな
　　　ことができます

活动
1

◆ 便利店的服务项目

◆ 电脑的功能

◆ 手机的功能

【2-2】日本語は読めます
　　　が、書けません

活动
2

◆ 个人能力

◆ 运动项目

2-1　パソコンでいろんなことができます

聞く前に

まず自分で確認しましょう。録音を聞いて質問に答えてみてください。 MP3 2-1-00

1. 日本_{にほん}のコンビニにはどんなサービスがありますか。インターネットでその情報_{じょうほう}を調_{しら}べてみてください。次_{つぎ}の言葉_{ことば}を予習_{よしゅう}しましょう。（日本的便利店都有哪些服务项目？在网上查一查并预习一下下列词语吧！）

   食_たべ物_{もの}や飲_のみ物_{もの}を買_かう　　コピーする　　印刷_{いんさつ}する　　お金_{かね}を下_おろす
   チケットを予約_{よやく}する

2. あなたの携帯電話_{けいたいでんわ}は電話_{でんわ}とショートメールのほか、どんなことができますか。次_{つぎ}の言葉_{ことば}を予習_{よしゅう}しましょう。（你的手机除了打电话、发短信外还有什么功能？预习一下下列词语吧！）

   写真_{しゃしん}を撮_とる　　メールのやりとりをする　　電子書籍_{でんししょせき}を読_よむ　　電子辞書_{でんしじしょ}を使_{つか}う

3. パソコンで何_{なに}ができますか。次_{つぎ}の言葉_{ことば}を予習_{よしゅう}しましょう。（能用电脑做什么？预习一下下列词语吧！）

   インターネットをする　　仕事_{しごと}をする　　メールをする　　デジカメのデータを管理_{かんり}する

基礎編

聞いて選びましょう

一、録音を聞いて、その内容と合っているものに○を、違うものに×をつけてください。

MP3 2-1-01

🔊 **听力要点**　快速观察图片，同时思考与图片信息相关的日语表达方式。重点听：包含「～できる」的句子。

本屋

1. _____　　2. _____　　3. _____

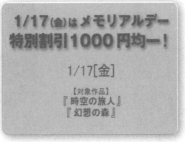

4. _____ 5. _____ 6. _____

二、会話を聞いて、その内容と合っている絵を選んでください。 MP3 2-1-02

> **听力要点** 先读取图片信息，仔细观察A、B两幅图的区别，并思考与图片信息相关的词汇，然后有针对性地听录音。重点听：有关功能的内容。

1.

A   B

(   )

2.

A   B

(   )

3.

A

B

(　　　　)

4.

A

B

(　　　　)

三、会話を聞いて、その内容と合っているものを選んでください。 MP3 2-1-03

> 🎧 **听力要点**　先阅读选项，找出两者间的区别，并思考与其相关的日语表达方式，然后有针对性地听录音。重点听：含有「～ことができる」的句子。

1. Ａ：簡単な会話　　　　　Ｂ：普通の会話　　　　　(　　　　)
2. Ａ：週5日　　　　　　　Ｂ：週6日　　　　　　　(　　　　)
3. Ａ：火曜日　　　　　　　Ｂ：水曜日　　　　　　　(　　　　)

▶ **聞いて書き入れましょう**

四、会話を聞いて、例のように書いてください。 MP3 2-1-04

> 🎧 **听力要点**　阅读给出的题目信息，仿照例题，有针对性地记录录音中的关键信息。

例　女の人は＿＿車＿＿の運転ができません。

1. 男の人は＿＿＿＿＿＿＿＿はできません。
2. 人に＿＿＿＿＿＿＿＿＿＿＿から、電車の中で＿＿＿＿＿＿＿をすることができません。

五、会話を聞いて、例のように書いてください。 MP3 2-1-05

> 🎧 **听力要点** 阅读给出的题目信息，仿照例题，有针对性地归纳录音中的关键信息。（＊注意本题只有一组会话，请根据这组会话的内容来回答各题中的问题。）

例 女の人はパソコンを＿持っていません＿。

1. 女の人はパソコンを買いたがっていますが、＿＿＿＿＿＿＿＿＿＿と聞いて悩んでいます。

2. 男の人はソフトは無料で＿＿＿＿＿＿＿＿＿＿ことができるので、買う必要が＿＿＿＿＿＿＿＿と思っています。

単語と表現-1

カラーコピー④	彩色复印	たどたどしい⑤	结结巴巴
手帳⓪	手账	空いている	空着
おすすめ⓪	推荐	バイリンガル③	双语；会两种语言的人
予定⓪	预定，计划		
一目②	一眼	車内放送	电车上的广播
終了する⓪	结束	通話はご遠慮ください	请勿语音通话
ご利用ください	请您使用	わいわい①	吵吵嚷嚷
お召し上がりください	请您享用	迷惑をかける	给人添麻烦
オートバイ③	摩托车	ダウンロード④	下载
通る①	通过		

応用編

聞いて書き入れましょう

六、録音を聞いて、絵の内容を完成してください。 MP3 2-1-06

> **听力要点** 注意图片中给出的信息，提取录音中的关键信息后，完成下面的内容。

1. 書類を＿＿＿＿＿＿＿＿＿ことができます。
2. 会社から書類を＿＿＿＿＿＿＿＿＿こともできます。
3. 携帯などで撮った写真を＿＿＿＿＿＿＿＿＿こともできます。
4. チケットを＿＿＿＿＿＿＿＿＿ことができます。

七、録音を聞いて、＿＿＿＿＿に適当な言葉を書き入れてください。録音は3回繰り返します。 MP3 2-1-07

> **听力要点** 听写原文，注意日语的正确书写方式。

　皆さんは太極拳を知っていますか。太極拳は中国の①＿＿＿＿＿＿の一種で、もともと身を守るために誕生したそうですが、今では健康法として誰でも②＿＿＿＿＿＿運動の一つになりました。太極拳の動きは、全身の③＿＿＿＿＿＿や経絡（気の通り道）を刺激することができるといわれています。体全体の機能を高め、体内の④＿＿＿＿＿＿を整えるなど、さまざまな健康・⑤＿＿＿＿＿＿効果が期待されています。

▶ シャドーイングしてみましょう

八、録音を聞きながらシャドーイングしてみましょう。 🎧 2-1-08

> 🎧 **听力要点**　注意语速、语音、语调。反复跟读录音，直至熟练。

1. 男：もうすぐ春ですね。

   女：ええ。暖かくなってきましたね。

2. 男：日本語はどれぐらいできますか。

   女：まだたどたどしいですが、簡単な会話ならできます。

3. 女：金さんは英語ができますか。

   男：英語はできませんが、韓国語ならしゃべれます。

4. 女：どうしたの？勉強に集中できないようだけど。

   男：はい、バイトの面接が心配で…。

5. 女：土日は働けますか。

   男：すみません。土曜日はちょっと…。日曜日なら大丈夫です。

▶ 話してみましょう

九、あなたの携帯電話にはどんな機能がありますか。友達に紹介してみてください。 🎧 2-1-09

単語と表現-2

太極拳④	太极拳	ツボ⓪	穴位
武術①	武术	経絡⓪	经络

2-2 日本語は読めますが、書けません

聞く前に

まず自分で確認しましょう。録音を聞いて質問に答えてみてください。 MP3 2-2-00

1. あなたは日本語がどれぐらいできますか。次の言葉を予習しましょう。（你的日语水平如何？
   预习一下下列词语吧！）

   読める　　書ける　　聞ける　　話せる

2. あなたはどんなスポーツができますか。次の言葉を予習しましょう。（你会哪些运动项目？预
   习一下下列词语吧！）

   水泳　　柔道　　バスケットボール　　テニス　　ピンポン

基礎編

聞いて選びましょう

一、録音を聞いて、その内容と合っているものに○を、違うものに×をつけてください。

　　MP3 2-2-01

　🎧 听力要点　快速观察图片，同时思考与图片信息相关的日语表达方式。

1. _____ 2. _____ 3. _____

4. _____ 5. _____ 6. _____

二、会話を聞いて、その内容と合っている絵を選んでください。 MP3 2-2-02

听力要点 先读取图片信息，仔细观察A、B两幅图的区别，并思考与图片信息相关的词汇，然后有针对性地听录音。

1.

A

B

( )

2.

A

B

( )

3.

A

B

(　　　)

4.

A

B

(　　　)

三、会話を聞いて、その内容と合っているものを選んでください。 MP3 2-2-03

> 听力要点　先阅读选项，找出两者间的区别，并思考与其相关的日语表达方式，然后有针对性地听录音。

1. A：夜遅くまで勉強した。　　B：隣の赤ちゃんが泣いていた。　(　　　)
2. A：青い海で泳げるから。　　B：夏は暑くないから。　　　　　(　　　)
3. A：切符がないと乗れないから。　B：切符がないと席がないから。(　　　)

聞いて書き入れましょう

四、会話を聞いて、例のように書いてください。 MP3 2-2-04

> 听力要点　阅读给出的题目信息，仿照例题，有针对性地记录录音中的关键信息。

例　__予約__が入っていますので、__延長する__ことができません。

1. 本は今_____られないので、_____します。

2. DVDは_____ことができません。
　視聴覚室で_____ことができます。

五、先生と学生が英語の勉強について話し合っています。会話を聞いて、例のように書いてください。 (MP3 2-2-05)

> 🎧 **听力要点** 阅读给出的题目信息，仿照例题，有针对性地归纳录音中的关键信息。（ *注意本题只有一组会话，请根据这组会话的内容来回答各题中的问题。）

例 男の人は英語が話せないのは＿勉強方法＿に問題があるからです。

1. 英語が話せるようになるには、「＿＿＿＿＿」練習と「＿＿＿＿＿」練習をたくさんすることが必要です。

2. 一人で英会話を練習する時、＿＿＿＿＿を使って質問したり答えたりする方法があります。

単語と表現-1

牡蠣①	牡蛎	特急⓪	特快（列车）
バースデーケーキ⑥	生日蛋糕	ただ①	免费
アレルギー②③	过敏	貸し出し⓪	出借
習い事⓪⑤	学习各种技艺；课外班学习	延長⓪	延长
		返す①	还；返回
バイオリン⓪	小提琴	持ち出し禁止	禁止带出（图书馆）
曲⓪①	乐曲	確認する⓪	确认
文句を言う	抱怨，发牢骚	視聴覚室	视听室
一晩中⓪	一整晚	受験勉強	升学考试
何より①⓪	最好	聞き取れる	听懂
ぴったり③	正合适		

応用編

聞いて書き入れましょう

六、録音を聞いて、次の文を完成してください。 MP3 2-2-06

> 聴力要点　注意图片中给出的信息，提取录音中的关键信息后，完成下面的内容。

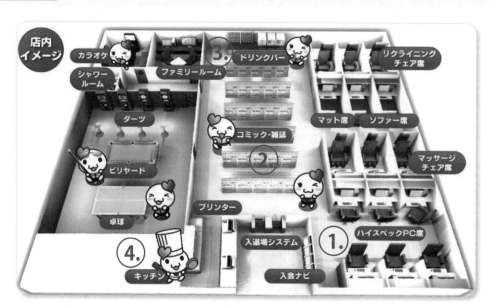

1. まずはネットカフェのパソコンを使_{つか}って、インターネットを＿＿＿＿＿＿＿＿ことができます。

2. コミック・雑誌_{ざっし}コーナーで漫画_{まんが}などが＿＿＿＿＿＿＿ます。

3. ドリンクバーではすべての飲_のみ物_{もの}が自由_{じゆう}に＿＿＿＿＿＿＿ます。

4. お腹_{なか}がすいた時_{とき}は、食_たべ物_{もの}を＿＿＿＿＿＿＿こともできます。

七、録音を聞いて、＿＿＿＿＿に適当な言葉を書き入れてください。録音は3回繰り返します。 MP3 2-2-07

> 聴力要点　听写原文，注意日语的正确书写方式。

皆_{みな}さんはお台場_{だいば}に行_いったことがありますか。お台場_{だいば}には温泉_{おんせん}や①＿＿＿＿＿＿＿＿などがあります。温泉_{おんせん}の名前_{なまえ}は桜温泉_{さくらおんせん}です。桜温泉_{さくらおんせん}では好きな浴衣_{ゆかた}を選_{えら}んで②＿＿＿＿＿＿＿ことができます。また、観覧車_{かんらんしゃ}にも③＿＿＿＿＿＿＿。観覧車_{かんらんしゃ}からレインボーブリッジや東京_{とうきょう}タワーが④＿＿＿＿＿＿＿。また、夏頃_{なつごろ}には、花火大会_{はなびたいかい}があるので、きれいな花火_{はなび}が⑤＿＿＿＿＿＿＿。チャンスがあれば、ぜひ行_いってみてください。

シャドーイングしてみましょう

八、録音を聞きながらシャドーイングしてみましょう。 MP3 2-2-08

> 🔊 **听力要点** 注意语速、语音、语调。反复跟读录音，直至熟练。

1. 男：伊藤さんをご存じですか。
   女：ええ、よく知っていますよ。
2. 女：今お金を払わなければなりませんか。
   男：いいえ、後でもけっこうです。
3. 男：日本語はどれぐらいできますか。
   女：新聞は読めますが、まだうまく話せません。
4. 女：今週の土曜日、市内で試験を受ける予定ですが、どう行けばいいでしょうか。
   男：市内ですか。スクールバスで行けますよ。
5. 女：あのう、すみません。この本を借りたいんですが。
   男：ああ、申し訳ありませんが、その本は館内でしか読むことができません。

話してみましょう

九、日本語の勉強について、今できることとまだできないことを友達と話し合ってみてください。 MP3 2-2-09

単語と表現-2

ネットカフェ④	网吧	ドリンクバー⑤	饮料区
漫画喫茶④	漫画吧	シャワールーム④	淋浴室
有料◎	收费	ショッピングモール⑥	大型购物中心
スナック②	点心，零食	観覧車③	摩天轮
コミック①	漫画		

第**3**課

变化

目标

① 能听懂对人物、事物变化的描述

② 掌握表示变化的表达方式

③ 掌握听描述变化的内容的技巧

3-1 ピアノが好きになりました

聞く前に

まず自分で確認しましょう。録音を聞いて質問に答えてみてください。 MP3 3-1-00

1. あなたは自分の体型が気になっていますか。次の表現を言ってみてください。（你在意自己的体型吗？请用下面的表达方式说说看！）

   痩せています。　　　　　太ってきました。
   体型が崩れています。　　スタイルがいいです。

2. あなたは将来どんな人になりたいですか。次の言葉で言ってみてください。（你将来想成为什么样的人？请用下列词语说说看！）

   教師　　通訳　　公務員　　パティシエ　　営業マン　　コック　　歌手

3. あなたはどんな人ですか。次の言葉で言ってみてください。（你是个怎样的人？请用下列词语说说看！）

   おしゃれな人　　内向的な人　　前向きな人　　明るい人

基礎編

聞いて選びましょう

一、録音を聞いて、その内容と合っているものに○を、違うものに×をつけてください。

MP3 3-1-01

🔊 **听力要点**　快速观察图片，同时思考与图片信息相关的日语表达方式。

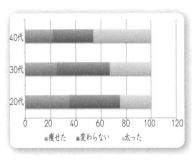

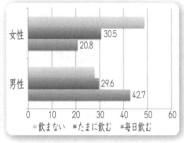

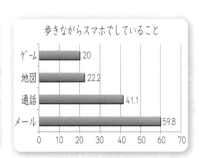

1. ＿＿＿＿＿＿＿　　2. ＿＿＿＿＿＿＿　　3. ＿＿＿＿＿＿＿

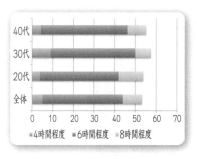 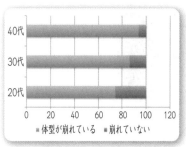 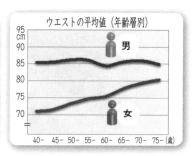

4. _____ 5. _____ 6. _____

二、会話を聞いて、その内容と合っている絵を選んでください。 🎧 3-1-02

> 🔊 **听力要点** 先读取图片信息，仔细观察A、B两幅图的区别，并思考与图片信息相关的词汇，然后有针对性地听录音。重点听：图中人物的外貌、发型等。

1.

A

B

(   )

2.

A

B

(   )

3.

A

B

(　　)

4.

A

B

(　　)

三、録音を聞いて、その内容と合っているものを選んでください。 🎧 3-1-03

> 🔊 **听力要点**　先阅读选项，找出两者间的区别，并思考与其相关的日语表达方式，然后有针对性地听录音。重点听：表示变化的表达方式。

1．A：子どもの時から　　　　　B：大人になってから　　　　　（　　）
2．A：本当の名前より短いから　　B：本当の名前より長いから　　（　　）
3．A：一度沸かしてから飲む　　　B：そのまま飲む　　　　　　　（　　）

▶ **聞いて書き入れましょう**

四、会話を聞いて、例のように書いてください。 🎧 3-1-04

> 🔊 **听力要点**　阅读给出的题目信息，仿照例题，有针对性地记录录音中的关键信息。

例　＿＿夏になる＿＿と、＿＿海で泳げるように＿＿なります。
1．男の人は、＿＿＿＿＿＿と、＿＿＿＿＿＿＿＿なります。
2．男の人は、＿＿＿＿＿＿と、＿＿＿＿＿＿＿＿なります。

五、会話を聞いて、例のように書いてください。 📢 3-1-05

> 🎧 **听力要点** 阅读给出的题目信息，仿照例题，有针对性地归纳录音中的关键信息。

例 小さい時は ＿＿花屋さん＿＿ になりたかったですが、小学生になると、＿＿医者＿＿ になりたくなりました。

1. 疲れすぎると、＿＿＿＿＿＿＿＿＿＿なります。
2. 元気になるには、毎日＿＿＿＿＿＿＿＿＿物事を 考える必要があります。

単語と表現-1

痩せる⓪	痩	髪型⓪	发型
メールのやりとりをする	处理邮件，邮件	挑戦する⓪	挑战
	往来	結う⓪①	系，结，扎
体型⓪	体型	ニックネーム④	爱称，外号
崩れる③	塌，崩塌	そのまま⓪	原封不动
ウエスト⓪②	腰身	喉が渇く	口渴
金髪⓪	金发	沸かす⓪	烧开
イメチェン⓪	改变形象	命を助ける	救命
服装⓪	服装，穿着	顔色が悪い	脸色不好
カジュアル①	休闲的	ミス①	失误
商社①	商行，商社，贸易公司	生き生き③②	活泼，精神
		強いて言えば	非要说的话
一軒①	一家	前向き⓪	向前看；乐观

応用編

聞いて書き入れましょう

六、録音を聞いて、次の文を完成してください。 MP3 3-1-06

> **听力要点** 注意表中给出的信息，提取录音中的关键信息后，完成下面的内容。

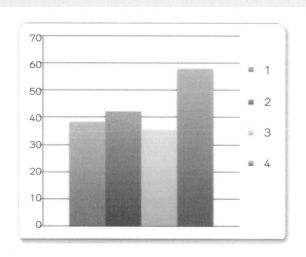

1. 自分の個性を知っている女性：_____%
2. 自分の個性を生かしておしゃれを楽しんでいる女性：_____%
3. 内面を磨くことを一生懸命頑張っている女性：_____%
4. いつも前向きな気持ちでいる女性：_____%

七、録音を聞いて、_____に適当な言葉を書き入れてください。録音は3回繰り返します。 MP3 3-1-07

> **听力要点** 听写原文，注意日语的正确书写方式。

　　日本人の名前は、名字、名前の①_____になっています。日本では、結婚したら夫婦は同じ名字にする②_____。つまり片方の名字だけを使うのです。特に女の人が男の人の名字になる場合が多いです。例えば、女性の「鈴木陽子」が、男性の「高橋一郎」と結婚したら、「高橋陽子」になります。しかし、結婚しても名字を③_____と思う人もいます。夫婦が④_____の名字を持つことを「夫婦別姓」と言います。最近、この「夫婦別姓」にしたいと考える夫婦が⑤_____ようです。

▶ シャドーイングしてみましょう

八、録音を聞きながらシャドーイングしてみましょう。MP3 3-1-08

🔊 **听力要点** 注意语速、语音、语调。反复跟读录音，直至熟练。

1. 男：王さんは将来どんな仕事がしたいですか。

   女：そうですね。私は将来高齢者や障害者などの日常生活や自立をサポートする仕事がしたいです。

2. 女：李さんはどんな大学生活を送りたいですか。

   男：勉強はもちろん大事ですが、やっぱりたくさんの人と友達になりたいですね。

3. 女：日本では、結婚しても子どもがほしくないと言う人が多いようですね。

   男：そうですね。そのせいで、子どもの数が少なくなっているんですね。

4. 女1：いろいろお世話になりました。明日、国に帰ります。

   女2：そうですか。寂しくなりますね。

5. 男：あー、奥歯が虫歯になってますね。痛みますか。

   女：いいえ、特には…。

▶ 話してみましょう

九、あなたは小さい時どんな人だと言われていましたか。今は周りからどう言われていますか。友達と話してみてください。MP3 3-1-09

単語と表現-2

素敵⓪	漂亮，雅致	内面⓪③	内心
個性①	个性	名字①	姓氏
生かす②	利用，活用	別々⓪	分别，分开

3-2 水が氷になります

聞く前に

まず自分で確認しましょう。録音を聞いて質問に答えてみてください。 MP3 3-2-00

1. 日本人の食生活はどう変わっていますか。次の言葉を予習しましょう。（日本人的饮食生活发生了什么样的变化？预习一下下列词语吧！）

   米　ご飯　小麦　めん類　肉類　油

2. 桜前線とは何ですか。インターネットでその情報を調べてください。（樱花前线是什么？请在网上查一查相关信息。）

基礎編

▶ 聞いて選びましょう

一、録音を聞いて、その内容と合っているものに○を、違うものに×をつけてください。

MP3 3-2-01

🎧 **听力要点**　快速观察图片，同时思考与图片信息相关的日语表达方式。重点听：表示变化的内容。

  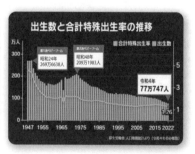

1. _____　　2. _____　　3. _____

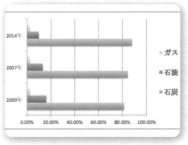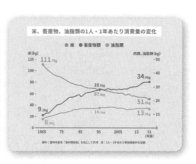

4. _____ 5. _____ 6. _____

二、録音を聞いて、その内容と合っている絵を選んでください。 ⎙MP3 3-2-02

听力要点 先读取图片信息，仔细观察A、B两幅图的区别，并思考与图片信息相关的词汇，然后有针对性地听录音。

1.

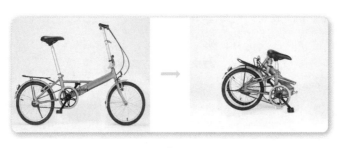

A

B

( )

2.

A

B

( )

39

3.

A

B

(　　　　)

4.

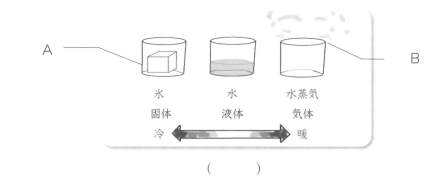

A

B

氷　　　　水　　　　水蒸気
固体　　液体　　気体
冷 ⟷ 暖

(　　　　)

三、会話を聞いて、その内容と合っているものを選んでください。 MP3 3-2-03

听力要点　先阅读选项，找出两者间的区别，并思考与其相关的日语表达方式，然后有针对性地听录音。

1. A：3月下旬（げつげじゅん）　　　　　　B：4月の初め頃（がつ　はじ　ごろ）　　　　(　　　)

2. A：寿司（すし）、カレーライス、オムライス　B：寿司（すし）、カレーライス、ステーキ　(　　　)

3. A：チャイナドレス　　　　　　　　　　B：漢服（かんぷく）　　　　　　　　　　　(　　　)

聞いて書き入れましょう

四、会話を聞いて、例のように書いてください。 MP3 3-2-04

听力要点　阅读给出的题目信息，仿照例题，有针对性地记录录音中的关键信息。

例　こたつに＿＿足を入れる（あし　い）＿＿と、＿＿暖（あたた）かく＿＿なります。

1. 「押す」（お）＿＿＿＿＿＿＿＿を押（お）すと、ドアが＿＿＿＿＿＿＿ます。

2. ロボット掃除機（そうじき）は毎日（まいにち）＿＿＿＿＿＿になると、自動的（じどうてき）に＿＿＿＿＿＿をします。

五、録音を聞いて、例のように書いてください。 (MP3 3-2-05)

> **听力要点** 阅读给出的题目信息，仿照例题，有针对性地归纳录音中的关键信息。重点听：有关变化的内容。

> **例** 生活費用は__高く__なり、たまごと肉は5年前の__倍__になりました。

1. 前は_____で4時間ぐらいかかりましたが、今は_____で1時間半になりました。

2. 午前は_____で、午後から_____になります。明日の朝は_____が降ります。

単語と表現-1

一日中 ⓪	一整日	好み ①③	喜好
上がる ⓪	上升	オムライス ③	蛋包饭
エコライフ	环保生活	漢服	汉服
テレビショッピング ④	电视购物	普段着 ②	日常穿的衣服
折り畳み ⓪	折叠	こたつ ⓪	被炉
たたむ ⓪	折叠	押す ⓪	推，按，摁
トランク ②	行李箱	近づく ③	靠近
バッグ ①	包	開く ②	打开
変える ⓪	改变	自動的 ⓪	自动
氷 ⓪	冰	ロボット掃除機 ⑦	扫地机器人
泡 ②	气泡	タイマーをかける	定时
水蒸気 ③	水蒸气	コスト ①	成本
花見 ③	赏花	曇り ③	多云

応用編

▶ 聞いて書き入れましょう

六、会話を聞いて、次の文を完成してください。 MP3 3-2-06

🔊 听力要点　注意图片中给出的信息，提取录音中的关键信息后，完成下面的内容。

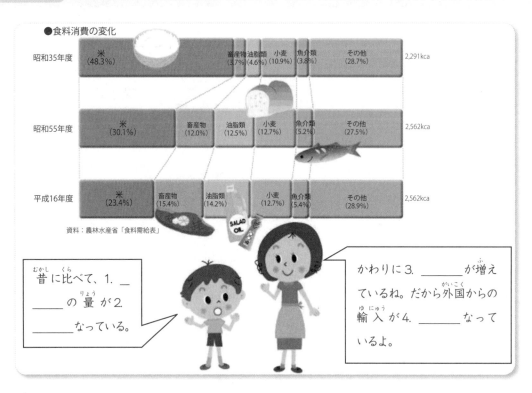

七、録音を聞いて、＿＿＿＿に適当な言葉を書き入れてください。録音は3回繰り返します。 MP3 3-2-07

🔊 听力要点　听写原文，注意日语的正确书写方式。

　　この町は、古い住宅が①＿＿＿＿＿＿、消防車が入れない路地も多かったのですが、町の再開発が②＿＿＿＿＿＿、すっかり変わりました。「東京スカイツリー」もできて、日ごと開発が進み、このエリアでは一番住みやすい町に③＿＿＿＿＿＿います。どこへ行くのも便利で、通勤も④＿＿＿＿＿＿。近所の人との良いコミュニケーションがとれる点も魅力です。この町で⑤＿＿＿＿＿＿ことができて、とても幸せですね。

シャドーイングしてみましょう

八、録音を聞きながらシャドーイングしてみましょう。 MP3 3-2-08

> 🎧 **听力要点** 注意语速、语音、语调。反复跟读录音，直至熟练。

1. 男：この町、すっかり変わりましたね。

   女：そうですね。新しいビルがどんどんできていますね。
2. 男：ロボット掃除機っていいね。

   女：そうね。家事がずいぶん楽になったね。
3. 女：日本でカレーと言えば、普通カレーライスのことを言いますね。

   男：そうですね。カレーライスはもう国民的料理になりましたね。
4. 女：急に病気になった時、どこに電話すればいいですか。

   男：火事の時と同じ119番です。
5. 男：携帯電話、変えたの？

   女：ええ、こっちのほうが機能がよくて、料金も安くなったわよ。

話してみましょう

九、日本語の勉強について、今できることとまだできないことを友達と話し合ってみてください。 MP3 3-2-09

単語と表現-2

グラフ①⓪	图表	並ぶ⓪	排队
輸入⓪	进口	路地①	小巷，胡同
国産⓪	国产	エリア①	区域

第**4**課
できごと（順序）

目标

1. 能听懂动作的顺序、指示等
2. 能听懂动作顺序与指示的表达方式
3. 掌握听动作顺序和指示的技巧

4-1 どうやって行きますか

聞く前に

まず自分で確認しましょう。録音を聞いて質問に答えてみてください。 MP3 4-1-00

1. 乗り物の名前はどんなものを知っていますか。まず、次の言葉を予習しましょう。（你知道哪些交通工具？预习一下下列词语吧！）

   車　　船　　飛行機　　新幹線　　タクシー　　夜行バス　　高速バス　　地下鉄
   高速鉄道（高鉄）　　バイク

2. 次の交通に関わる表現はもう習いましたか。辞書で調べて予習しましょう。（你学过下列与交通相关的词语吗？查一查词典，预习一下吧！）

   山手線に乗る　　浅草で降りる　　地下鉄を降りる　　電車に乗り換える　　3番線に止まる
   新宿を通る　　停車する　　出発する　　到着する

3. 東京には路線がたくさんあります。あなたはどんな路線を知っていますか。次の路線と主な駅の名前を読んでみて覚えましょう。それから、録音を聞いて、路線図にある駅の名前に〇をつけましょう。（东京有很多交通线路，你知道哪些线路的名称？读一下下列线路的名称和主要车站的站名并记住吧！然后听录音，圈出路线图上相应的车站。）

   ● ＪＲ山手線は環状線です。
   主な駅は　　池袋　　新宿　　渋谷　　品川　　新橋
   東京　　神田　　秋葉原　　上野　　日暮里　　などがあります。

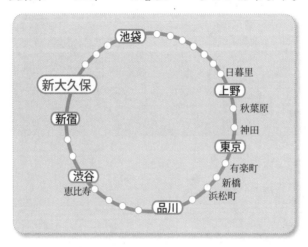

● 東京メトロ銀座線は地下鉄です。
主な駅は　渋谷　新橋　銀座　日本橋　神田　などです。

4. 次の表は日本東海道・山陽新幹線の時刻表です。まずその見方に慣れましょう。その後で、次の質問に答えてみましょう。（下面的图表是日本东海道山阳新干线的时刻表，让我们来熟悉一下它的阅读方法吧！然后试着回答后面的问题。）

東海道・山陽新幹線時刻表

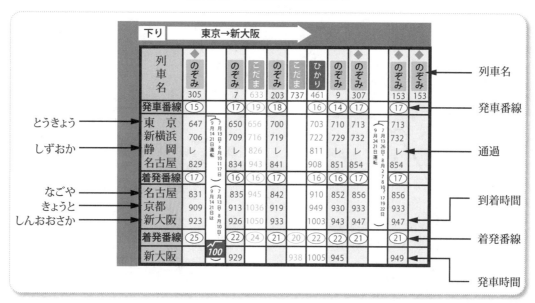

質問1：のぞみ7号は
　　　　（1）東京駅の何番線から出ますか。
　　　　（2）名古屋の何番線に着きますか。
　　　　（3）静岡に止まりますか。

質問2：ひかり461号は
　　　　（1）東京を何時に出ますか。
　　　　（2）名古屋に何時に着きますか。
　　　　（3）名古屋を何時に出ますか。

基礎編

▶ 聞いて選びましょう

一、録音を聞いて、その内容と合っているものに○を、違うものに×をつけてください。

🎵 MP3 4-1-01

🔊 **听力要点**　快速观察图片，同时思考与图片信息相关的日语表达方式。重点听：说话人现在的所在地、乘坐的线路名称、乘车车站、换乘车站、下车车站等。

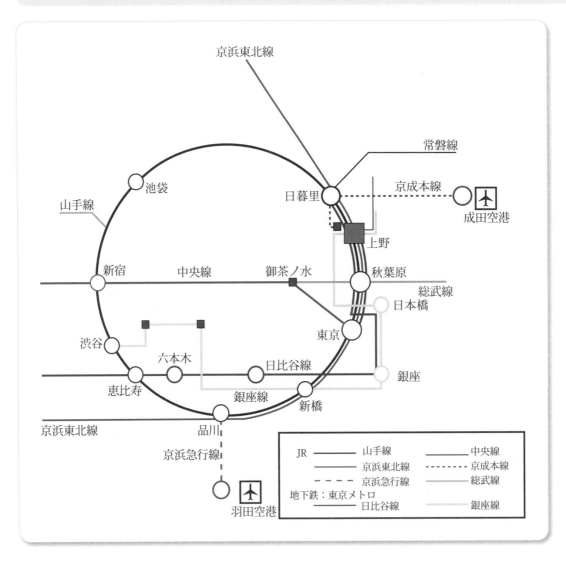

1. ＿＿＿＿＿　　2. ＿＿＿＿＿　　3. ＿＿＿＿＿

4. ＿＿＿＿＿　　5. ＿＿＿＿＿　　6. ＿＿＿＿＿

二、録音を聞いて、その内容と合っている絵を選んでください。 MP3 4-1-02

> 听力要点　先读取图片信息，仔细观察A、B两幅图的区别，并思考与图片信息相关的词汇，然后有针对性地听录音。重点听：车站名称、时间、站台号等。

1.

西大井駅　　恵比寿　渋谷　新宿　池袋　　　　　　　北赤羽駅

A

市ヶ谷　　　千駄ヶ谷　新宿　大久保　　中野　高円寺

B

（　　　）

2.

A

B

（　　　）

3.

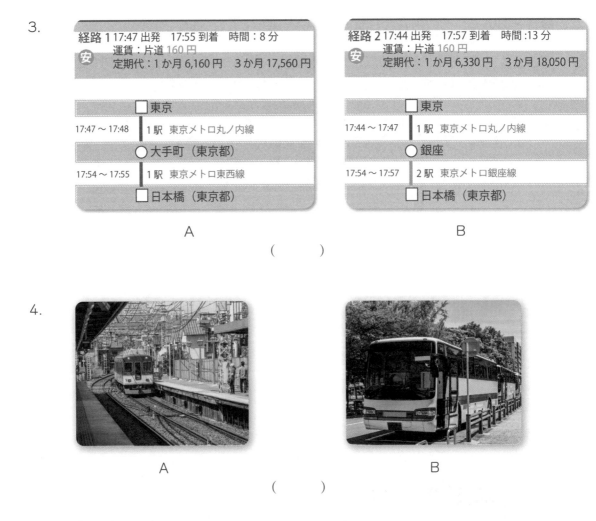

経路1 17:47 出発　17:55 到着　時間：8分
安　運賃：片道 160 円
定期代：1 か月 6,160 円　3 か月 17,560 円

	□東京
17:47～17:48	1駅　東京メトロ丸ノ内線
	○大手町（東京都）
17:54～17:55	1駅　東京メトロ東西線
	□日本橋（東京都）

A

経路2 17:44 出発　17:57 到着　時間：13分
安　運賃：片道 160 円
定期代：1 か月 6,330 円　3 か月 18,050 円

	□東京
17:44～17:47	1駅　東京メトロ丸ノ内線
	○銀座
17:54～17:57	2駅　東京メトロ銀座線
	□日本橋（東京都）

B

（　　　）

4.

A

B

（　　　）

三、録音を聞いて、その内容と合っているものを選んでください。 MP3 4-1-03

> 🔊 **听力要点**　先阅读选项，找出两者间的区别，并思考与其相关的日语表达方式，然后有针对性地听录音。重点听：与交通工具、出行方式相关的语句和信息。

1. A：神田　　　　B：浅草　　　　　　（　　　）
2. A：歩いて行く　B：自転車で行く　（　　　）
3. A：4番線　　　B：2番線　　　　　（　　　）

聞いて書き入れましょう

四、会話を聞いて、例のように書いてください。 🎵3 4-1-04

听力要点 阅读给出的题目信息，仿照例题，有针对性地记录录音中的关键信息。

	例	1	2
行きたい所	上野動物園	プードン国際空港	渋谷
乗る電車	京浜東北線		
乗り換える駅	×		
降りる駅	上野		

五、録音を聞いて、例のように書いてください。 🎵3 4-1-05

听力要点 阅读给出的题目信息，仿照例题，有针对性地归纳录音中的关键信息。重点听：有关出行方式的表述。

例 ＿一つ目の信号＿ を渡って、＿左＿ にまっすぐ 行きます。

1. 船と＿＿＿＿＿＿＿と地下鉄と＿＿＿＿＿＿＿を利用します。

2. ＿＿＿＿＿＿番線の＿＿＿＿＿＿発の電車に乗ります。

単語と表現-1

山手線⓪	（都内电车）山手线	快速⓪	快车
新宿	新宿	内側⓪	内侧
渋谷	涩谷	お下がりください	后退
秋葉原	秋叶原	乗る⓪	乘坐
上野	上野	雷門	雷门
池袋	池袋	神田	神田
銀座⓪	银座	浅草	浅草
途中⓪	途中	降りる②	下车
御茶ノ水	御茶水	通う⓪	（定期）去某处
成田空港	成田机场	リニアモーターカー⑥⑧	磁悬浮列车
乗り換える④③	换乘	渡る⓪	过（马路等）
込む①	拥挤	翌朝⓪	次日早晨

応用編

聞いて書き入れましょう

六、録音を聞いて、次の時刻表を完成してください。 MP3 4-1-06

🔊 **听力要点** 注意图片中给出的信息，提取录音中的关键信息后，完成下面的内容。

東海道・山陽新幹線時刻表
（とうかいどう・さんようしんかんせん じこくひょう）

列車名	のぞみ305		のぞみ7	こだま633	のぞみ203	こだま737	ひかり461	のぞみ9	のぞみ307		のぞみ153	のぞみ153
発車番線	⑮		⑰	⑲	⑱		⑯	⑭	⑰		⑰	
東京	647	7月13日～8月21日運転	650	656	700		703	710	713	7月13日26日～8月27日	713	
新横浜	706		709	716			722	729	732		732	
静岡	レ		レ	826	レ		811	レ	レ		レ	
	829	9月14,21日 8月10,11,17日	834	943	841		908	851	854	9月14,21日	854	
着発番線	⑰		⑯	⑯	⑰		⑯	⑯	⑰		⑰	
名古屋	831		835	945	842		910	852	856		856	
京都	909	9月14,21日は	913	1036	919		949	930	933	7,10,17,19,22日	933	
	923		926	1050	933		1003	943	947		947	
着発番線	㉕		㉒	㉔		⑳	㉒	㉒	㉑		㉑	
新大阪	100		929			938	1005	945			949	

下り 東京→新大阪

1. ＿＿＿＿＿＿＿
2. ＿＿＿＿＿＿＿
3. ＿＿＿＿＿＿＿
4. ＿＿＿＿＿＿＿

七、録音を聞いて、＿＿＿＿＿＿＿に適当な言葉を書き入れてください。録音は3回繰り返します。 MP3 4-1-07

🔊 **听力要点** 听写原文，注意日语的正确书写方式。

東京（とうきょう）スカイツリー観光（かんこう）のお得（とく）な情報（じょうほう）です。

この夏（なつ）、当社（とうしゃ）、東武鉄道（とうぶてつどう）では、「スカイツリー①＿＿＿＿＿＿＿」の運行（うんこう）を始（はじ）めます。この路線（ろせん）は東京（とうきょう）②＿＿＿＿＿＿＿から出発（しゅっぱつ）して、途中（とちゅう）、浅草雷門（あさくさかみなりもん）、上野（うえの）駅（えき）・③＿＿＿＿＿＿＿、浅草駅（あさくさえき）、浅草寺（せんそうじ）などを通（とお）りまして、東京（とうきょう）スカイツリーまで戻（もど）ります。10分（ぷん）から15分（ふん）の間隔（かんかく）で④＿＿＿＿＿＿＿していますので、大変便利（たいへんべんり）です。皆様（みなさま）の⑤＿＿＿＿＿＿＿をお待（ま）ちしております。

▶ シャドーイングしてみましょう

八、録音を聞きながらシャドーイングしてみましょう。🎧 4-1-08

听力要点 注意语速、语音、语调。反复跟读录音，直至熟练。

1. 女：すみません、新宿へはどうやって行きますか。
   男：ええと、山手線に乗ってください。
   女：山手線ですね。

2. 女：すみません。地下鉄の駅を探しているんですが。
   男：ああ、地下鉄の駅ですね。ここからまっすぐ行って、二つ目の信号を渡って、右に曲がるとすぐ見えますよ。
   女：二つ目の信号を右にですね。どうもありがとうございました。

3. 男：すみません。銀座へ行きたいんですが。
   女：銀座ですか。ええと。じゃ、ここから山手線で新橋まで行ってください。それから、新橋で銀座線に乗り換えてください。

4. 女：あのう、すみません。高鉄の駅までどう行ったらいいですか。
   男：地下鉄の1号線に乗ってください。

5. 女：すみません。上野公園へ行くには、何番のバスがいいですか。
   男：上野公園ですね。6番のバスに乗ってください。
   女：6番ですね。どうもありがとうございました。

▶ 話してみましょう

九、次の話題について、友達と話し合ってください。🎧 4-1-09

　　あなたはタクシーの配車アプリを使ったことがありますか。今、中国ではさまざまなタクシーのアプリが利用されています。これらのアプリを使うと、配車から乗車、支払いまですべてアプリ上で簡単にできるので、とても便利です。日本語でタクシーの配車アプリの使い方を説明してみてください。

単語と表現-2

到着 ⓪	到达	出発する ⓪	出发
停車駅	停车站	運行する ⓪	运行
到着時刻	到达时间	タクシーの配車アプリ	打车软件

4-2 夕刊を読んでから食事をします

 聞く前に

まず自分で確認しましょう。録音を聞いて質問に答えてみてください。 MP3 4-2-00

1. AとBの欄にある言葉を知っていますか。次の例のように、AとBの言葉をつないでみましょう。2回使ってもいい言葉もあります。言葉の意味が分からない時は、まず、辞書で調べてみましょう。（你知道A栏和B栏中的词语吗？请仿照例子，将A栏与B栏中的词语连接起来。部分词语可多次使用。如果有不懂的词语，先查一查词典吧！）

A	B
炊飯器　部屋　お風呂　辞書 お弁当　電気　洗濯物　バス 駅のコインロッカー	ご飯を炊く　干す　入る　つける 食べる　降りる　掃除機をかける 荷物を預ける　調べる

例 炊飯器　ご飯を炊く → 炊飯器でご飯を炊く
　　部屋　掃除機をかける → 部屋に掃除機をかける

2. あなたは料理関係の言葉を知っていますか。次の言葉の意味を調べて、覚えましょう。その後、例のように、これらの単語を使って、料理に使う表現を作ってみましょう。（你知道有关烹饪的词语吗？查一查并记住下列词语吧！然后仿照例句，试着用下列单词组一些用于烹饪的短语。）

鍋　フライパン　材料　炒める　煮る
入れる　中火　強火　加熱する　切る

例 鍋で煮る　フライパンで炒める　中火で煮る　調味料を入れる　火を止める

3. 次の野菜を知っていますか。調べて覚えましょう。（你知道这些蔬菜吗？查一查并记住它们吧！）

ジャガイモ　きゅうり　人参　かぼちゃ　トマト
白菜　たまねぎ　茄子　ピーマン

基礎編

聞いて選びましょう

一、先に何をしますか。先にすることです。録音を聞いて、先にすることと合っているものに○を、違うものに×をつけてください。 ⑩P3 4-2-01

听力要点 快速观察图片，同时思考与图片信息相关的日语表达方式。重点听：表述动作顺序的词语。

1. _____

2. _____

3. _____

4. _____

5. _____

6. _____

二、会話を聞いて、その内容と合っている絵を選んでください。 MP3 4-2-02

听力要点　先读取图片信息，仔细观察A、B两幅图的区别，并思考与图片信息相关的词汇，然后有针对性地听录音。重点听：动作的主体和与动作的时间、顺序等相关的词语。

1.

A B

（　　　）

2.

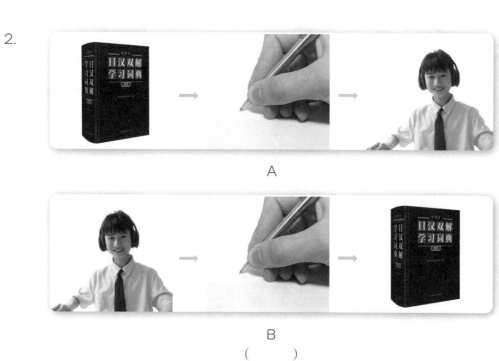

A

B

（　　　）

3.

A

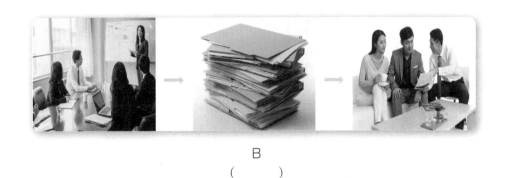

B

（　　　）

4.

A

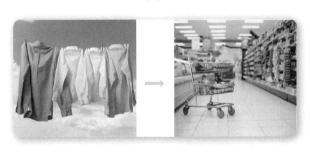

B

（　　　）

三、会話を聞いて、その内容と合っているものを選んでください。 MP3 4-2-03

🔊 **听力要点**　先阅读选项，找到两者间的区别，并思考与其相关的日语表达方式，然后有针对性地听录音。重点听：烹饪方法、材料、顺序等。

1．A：出張の支度をする。　　　B：散歩に行く。　　　　（　　　）

2．A：夕刊を読む。　　　　　　B：お風呂に入る。　　　（　　　）

3．A：買い物をする。　　　　　B：食事をする。　　　　（　　　）

57

聞いて書き入れましょう

四、次はいろいろな料理の材料や調理法などについての内容です。会話を聞いて、例のように書いてください。 🎧 4-2-04

> 🔊 **听力要点**　阅读给出的题目信息，仿照例题，有针对性地记录录音中的关键信息。

例　この料理は＿＿トマト＿＿と＿＿たまご＿＿の＿＿炒め物＿＿です。＿＿炒める＿＿料理です。

1. この料理は＿＿＿＿＿＿＿＿と＿＿＿＿＿＿＿＿とにんじんの煮物です。
　　＿＿＿＿＿＿＿＿料理です。

2. この料理は＿＿＿＿＿＿＿＿とおろししょうが（姜末）を使います。
　　調味料は＿＿＿＿＿＿＿＿と＿＿＿＿＿＿＿＿です。＿＿＿＿＿＿＿＿料理です。

3. この料理は＿＿＿＿＿＿＿＿と言います。＿＿＿＿＿＿＿＿料理です。

五、会話を聞いて、例のように書いてください。 🎧 4-2-05

> 🔊 **听力要点**　阅读给出的题目信息，仿照例题，有针对性地归纳录音中的关键信息。重点
> 听：表示动作先后顺序的表述。

例　日本では、餃子はおかずとして、よく＿＿ラーメンやご飯＿＿と一緒に食べます。

1. 野菜の切り方の説明です。

　　たまねぎは＿＿＿＿＿＿＿＿にします。かぼちゃは＿＿＿＿＿＿＿＿てから、＿＿＿
　　＿＿＿＿＿＿＿切ります。ピーマンも＿＿＿＿＿＿＿＿切ります。

2. 材料の炒め方の説明です。

　　ひき肉は＿＿＿＿＿＿＿＿まで炒めます。野菜は＿＿＿＿＿＿＿＿まで炒めます。

単語と表現-1

ご飯を炊く	焖饭	皮②	皮
掃除機をかける	吸尘	剥く⓪	削，剥（皮）
預ける③	寄存，存放	しょうが焼き	姜味煎肉
喫茶店⓪③	咖啡店	下味を付ける	预先调味
意味を調べる	查意思	焼く⓪	烤，煎
スケジュール②③	日程	から揚げ⓪	炸鸡块
打ち合わせ⓪	商讨	揚げる⓪	油炸
干す①	晾晒	並ぶ⓪	排队
支度⓪	准备	おかず⓪	菜
夕刊⓪	晚报	主食⓪	主食
炒める③	炒	みじん切り⓪	切碎
炒め物⓪⑤	炒菜	加熱する⓪	加热
煮る⓪	炖、煮	なす①	茄子
肉ジャガ⓪	土豆炖肉		

応用編

聞いて書き入れましょう

六、録音を聞いて、絵の内容を完成してください。MP3 4-2-06

> 听力要点　注意图片中给出的信息，提取录音中的关键信息后，完成下面的内容。

七、録音を聞いて、_____に適当な言葉を書き入れてください。録音は3回繰り返します。MP3 4-2-07

> 听力要点　听写原文，注意日语的正确书写方式。

　　では、先生の言うとおりに①_____。まず、紙の真ん中に、大きな②_____を描いてください。山の上に雪があります。はい、描いて。それから、紙の③_____に星を二つ描いてください。あんまり大きく描かないでくださいよ。そして、紙の左下に④_____を描いてください。⑤_____描いてくださいね。最後に、川の両側に木を描いてください。⑥_____でもいいですよ。

シャドーイングしてみましょう

八、録音を聞きながらシャドーイングしてみましょう。MP3 4-2-08

> 听力要点　注意语速、语音、语调。反复跟读录音，直至熟练。

1. 女：王さんは大学を卒業してから、どうしますか。

男：そうですね。私は大学院に入りたいです。経済の勉強をするつもりです。

2. 女：李さんは大学院で勉強してから、どうしますか。

男：まだはっきり決めていませんが、大学で教えたいです。

女：ああ、先生になるんですか。

3. 女：今度の冬休みに、日本のどこかへ旅行に行きたいんですが、どこがいいですか。

男：どんなところがいいですか。

女：そうですね。料理がおいしくて、温泉のあるところがいいですね。

4. 女：田中さんは、明日の休みに、何をしますか。

男：友達とドライブをしようと思っています。

5. 男：春子さんは今、何かほしいものがありますか。

女：そうですね。休みがほしいです。毎日、遅くまで残業して、もう大変ですよ。

話してみましょう

九、日本語で水餃子の作り方の説明をしてみてください。また、中国と日本の餃子の作り方、食べ方などについて調べて、その結果を友達と話し合ってみてください。MP3 4-2-09

単語と表現-2

| 食物繊維⑤ | 食物纤维 | 炭水化物⑤ | 碳水化合物 |
| 蛋白質④③ | 蛋白质 | 星⓪ | 星星 |

第 **5** 課
できごと（様子）

目标

① 能听懂对事物、行为状况的描述

② 掌握表示事物、行为状况的表达方式

③ 掌握听描述变化的内容的技巧

5-1 ▶ かばんが開いています

聞く前に

まず自分で確認しましょう。録音を聞いて質問に答えてみてください。 🎧 5-1-00

1. あなたのかばんに何が入っていますか。次の言葉を使って文の形で答えてみてください。

   （你的包里都放着哪些物品？请使用下列词语造句回答吧！）

   ノート　　ペンケース　　タブレット　　教科書　　練習帳

2. レポートを書く時の注意点を知っていますか。次の言葉を使って文の形で答えてみてください。（你知道写报告需要注意的地方吗？请使用下列词语造句回答吧！）

   言いたいことをはっきり書く　　例を挙げて説明する　　分かりやすく書く

3. 一人で旅をする時、どんなことに注意したほうがいいですか。次の言葉を使って文の形で答えてみてください。（独自外出时需要注意哪些事情呢？请使用下列词语造句回答吧！）

   安全に気を付ける　　食事に注意する　　人通りの少ない場所に行かない

基礎編

▶ 聞いて選びましょう

一、録音を聞いて、その内容と合っているものに○を、違うものに×をつけてください。

🎧 5-1-01

> 🔊 **听力要点** 快速观察图片，同时思考与图片信息相关的日语表达方式。重点听：描写事物状况的动词。

1. _____　　2. _____　　3. _____

4. _____ 5. _____ 6. _____

二、会話を聞いて、その内容と合っている絵を選んでください。 🎧 MP3 5-1-02

> 🎧 **听力要点** 先读取图片信息，仔细观察A、B两幅图的区别，并思考与图片信息相关的词汇，然后有针对性地听取录音。重点听：与图片信息有关的动作、结果。

1.

A

B

(　　　)

2.

A

B

(　　　)

3.

A

B

（　　　）

4.

A

B

（　　　）

三、会話を聞いて、その内容と合っているものを選んでください。 MP3 5-1-03

> 🔊 **听力要点** 先阅读选项，找出两者间的区别，并思考与其相关的日语表达方式，然后有针对性地听录音。重点听：目标人物的动作和行为。

1. A：もう一度電話をかける。　　　B：Eメールで内容を送る。　　　（　　　）

2. A：アルバイトをする。　　　　　B：旅行に行く。　　　　　　　（　　　）

3. A：電車で行ったので、約束に間に合った。
   B：タクシーで行ったが、約束に遅れてしまった。　　　　　　（　　　）

▶ **聞いて書き入れましょう**

四、会話を聞いて、例のように書いてください。 MP3 5-1-04

> 🔊 **听力要点** 阅读给出的题目信息，仿照例题，有针对性地记录录音中的关键信息。

例 女の人は今 ＿資料を作っ＿ ています。

1. 男の人はこれから＿＿＿＿＿＿＿＿ます。
2. 二人は明日＿＿＿＿＿＿＿に行きます。

五、会話を聞いて、例のように書いてください。 🎧 5-1-05

> 🎧 **听力要点** 阅读给出的题目信息，仿照例题，有针对性地归纳录音中的关键信息。

> **例** レポートを書く時、最初に＿言いたいことを＿書いたほうがいいです。

1. 男の人は＿＿＿＿＿＿でお金を下ろします。
2. 男の人はこれからまず宅配便の担当者に＿＿＿＿＿＿＿＿ます。

単語と表現-1

開く⓪	敞开	Ｅメール③	电子邮件
閉まる②	关闭	落ち込む⓪③	低沉，沮丧
割れる⓪	破碎	渋滞⓪	交通堵塞
壊れる③	坏，碎	確実⓪	确切
割る⓪	割破	改札口④	检票口
バドミントン③	羽毛球	待ち合わせる⑤⓪	会面
ゲーム①	游戏	注意点	注意事项
スイカ割り⓪③	木棍敲西瓜游戏	お金を下ろす	提取现金
目隠し②	蒙眼睛	手数料がかかる	花手续费
会議中	正在开会，会议中	宅配便⓪	快递，送货上门

応用編

▶ 聞いて書き入れましょう

六、録音を聞いて、絵の内容を完成してください。 MP3 5-1-06

> 🎧 **听力要点** 注意图片中给出的信息，提取录音中的关键信息后，完成下面的内容。

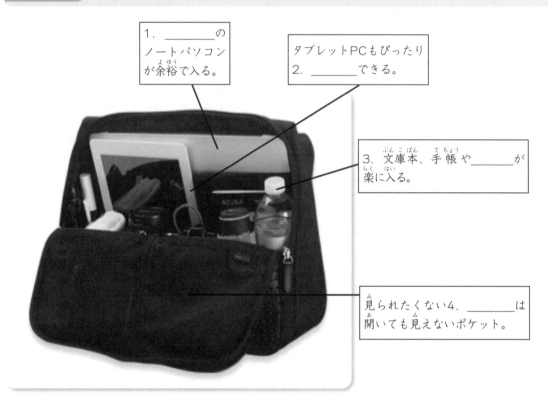

1. _____の
ノートパソコン
が余裕で入る。

タブレットPCもぴったり
2. _____できる。

3. 文庫本、手帳や_____が
楽に入る。

見られたくない4. _____は
開いても見えないポケット。

七、録音を聞いて、_____に適当な言葉を書き入れてください。録音は3回繰り返します。 MP3 5-1-07

> 🎧 **听力要点** 听写原文，注意日语的正确书写方式。

　　中国では、春節はもっとも大事な①_____です。春節になると、町のところどころに灯籠を掲げてあります。そして、「年画」を貼るのも②_____習慣の一つです。「年画」は祝福、吉祥、喜びを表します。「年画」を貼ると、③_____気分がぐっと高まります。広く伝わる『連年有余』には、④_____赤ん坊が大きな鯉を抱え、手に蓮の花を持つ姿が描かれています。中国語の「魚」と「余」は発音が同じで、⑤_____を利用して、年々余があるように、すなわち豊かになるようにという思いをこめているのです。

シャドーイングしてみましょう

八、録音を聞きながらシャドーイングしてみましょう。 MP3 5-1-08

> **听力要点** 注意语速、语音、语调。反复跟读录音，直至熟练。

1. 男：何か変な音がしますね。
   女：ええ、聞こえますね。どうも赤ちゃんの泣き声みたいですね。
2. 男：また一人で旅行に行ったんですか。
   女：いいえ、今回は家族と一緒に行ってきました。
   男：ご家族と一緒ですか。いいですね。
3. 女：今何をしているんですか。
   男：インターネットで日本の友達とチャットしています。
   女：日本語でですか。すごいですね。
4. 男：あれ？この時計、合ってる？
   女：はい、私のと同じですけど。
5. 男：車の免許とか持ってないか。
   女：あ、私、まだ16歳ですけど。

話してみましょう

九、風邪を引いた時、あなたはよく何をしますか。それを友達に紹介してみてください。

MP3 5-1-09

単語と表現-2

文庫本⓪	口袋书	伝統行事	传统节目
タブレット①③	平板电脑	掲げる⓪③	悬，挂
収納⓪	收纳	欠せない	不可缺少
ペットボトル④	塑料瓶	おめでたい⓪④	可喜，可贺
貴重品⓪	贵重物品	掛け詞③	双关语

5-2　準備しておきます

聞く前に

まず自分で確認しましょう。録音を聞いて質問に答えてみてください。 MP3 5-2-00

1. あなたの部屋に何が飾ってありますか。次の言葉を使って文の形で答えてみてください。（你的房间里装饰着什么东西吗？请使用下列词语造句回答吧！）

   写真　　絵　　掛け軸　　ポスター　　花瓶

2. カレーライスを作るにはどんな準備が必要ですか。次の言葉を使って文の形で答えてみてください。（做咖喱饭需要哪些准备工作？请使用下列词语造句回答吧！）

   ご飯を炊く　　ジャガイモの皮を剥く　　肉と野菜を一口大に切る

3. 旅行の前にどんな準備が必要ですか。次の言葉を使って文の形で答えてみてください。（旅行前要做哪些准备工作？请使用下列词语造句回答吧！）

   観光地の情報を調べる　　ホテルを予約する
   パスポートの有効期限を確認する　　必須の持ち物をチェックする

基礎編

聞いて選びましょう

一、録音を聞いて、その内容と合っているものに○を、違うものに×をつけてください。

MP3 5-2-01

听力要点　快速观察图片，同时思考与图片信息相关的日语表达方式。

1. _____　　2. _____　　3. _____

4. _____ 5. _____ 6. _____

二、会話を聞いて、その内容と合っている絵を選んでください。 (MP3 5-2-02)

> 🔊 **听力要点**　先读取图片信息，仔细观察A、B两幅图的区别，并思考与图片信息相关的词汇，然后有针对性地听录音。

1.

入学申込書　　　平月	入学申込書　　　平月
ふりがな　（わん　はい）	ふりがな　（おう　かい）
氏　名　　王　海	氏　名　　王　海
昭和・（平成）　2年　1月　1	昭和・（平成）　2年　1月　1
希望コース　　政治専門	希望コース　　政治専門
ふりがな	ふりがな
現住所　　〒	現住所　　〒

　　　　　　A　　　　　　　　　　　　　　　　　B

（　　　）

2.

　　　　　　A　　　　　　　　　　　　　　　　　B

（　　　）

3.

A　　　　　　　　　　　　　　　B

（　　　）

4.

A　　　　　　　　　　　　　　　B

（　　　）

三、会話を聞いて、その内容と合っているものを選んでください。MP3 5-2-03

🔊 听力要点 　先阅读选项，找出两者间的区别，并思考与其相关的日语表达方式，然后有针对性地听录音。

1. A：会話の練習をする。　　　B：テキストの録音を聞く。　　　（　　　）
2. A：高鉄の切符を買っておく。　B：ホテルを予約しておく。　　　（　　　）
3. A：机の上の壁に飾る。　　　　B：机の上に置く。　　　　　　　（　　　）

聞いて書き入れましょう

四、会話を聞いて、例のように書いてください。MP3 5-2-04

🔊 听力要点 　阅读给出的题目信息，仿照例题，有针对性地记录录音中的关键信息。

例　孫さんは英語を＿予習しておく＿のを忘れてしまいました。

1. 王さんは毎日辞書で言葉を＿＿＿＿＿＿＿ておいてから、録音を聞いて＿＿＿＿＿＿＿を読んでおきます。
2. デパートで正月に売っている赤い袋に「＿＿＿＿＿＿＿」と書いてあります。

五、会話を聞いて、例のように書いてください。 🎧 5-2-05

> 🎧 **听力要点** 阅读给出的题目信息，仿照例题，有针对性地归纳录音中的关键信息。

例 李さんはこれから＿＿部屋を掃除し＿＿ておきます。

1. 女 の人はバスに乗る前に＿＿＿＿＿＿＿ておきます。

2. タクシーに忘れ物をしたら、タクシー会社の＿＿＿＿＿＿＿に電話します。

単語と表現-1

掛け軸②	挂轴	福袋③	福袋（商家在新年推出的一种商品）
飾る⓪	装饰		
投げる②	投掷	アクセサリー①	首饰
キャッチする①	接球	電気製品	电子产品
立てる②	竖立	高速バス	高速大巴
カンパチ⓪	高体鰤	シートベルト④	安全带
スズキ⓪	海鲈鱼	ナンバー①	（车牌等的）号码
出張⓪	出差	お客様センター	客服中心
航空券③	机票		

応用編

聞いて書き入れましょう

六、録音を聞いて、絵の内容を完成してください。MP3 5-2-06

听力要点　注意图片中给出的信息，提取录音中的关键信息后，完成下面的内容。

> テーブルは居間の
> 1. ＿＿＿＿＿
> に置いてありま
> す。

> テレビは窓の
> 2. ＿＿＿＿＿
> に置いてありま
> す。

> 床の間に掛け軸が
> 3. ＿＿＿＿＿あ
> ります。

> 時計は押し入
> れの上に4. ＿
> ＿＿＿＿＿あ
> ります。

七、録音を聞いて、＿＿＿＿＿に適当な言葉を書き入れてください。録音は３回繰り返します。MP3 5-2-07

听力要点　听写原文，注意日语的正确书写方式。

　　私は、今、大学２年の女子学生です。日本には旅行で①＿＿＿＿＿＿ことがあります。来年から交換留学生として１年間留学することになりました。帰国したら４年生になるので、就職するか、それとも大学院に進学するかを早めに②＿＿＿＿＿＿おかなければなりません。私は日本文化に興味を③＿＿＿＿＿＿ので、今のところは就職活動をしないで、日本の大学院に行きたいと思っています。しかし、どこの大学院がいいのかが分かりませんので、④＿＿＿＿＿＿ます。ですから、大学院の情報に詳しい方に、ぜひ⑤＿＿＿＿＿＿をしていただきたいです。

シャドーイングしてみましょう

八、録音を聞きながらシャドーイングしてみましょう。 MP3 5-2-08

> 🎧 **听力要点** 注意语速、语音、语调。反复跟读录音，直至熟练。

1. 男：お客さんが来ますから、部屋を片付けておいてください。
   女：分かりました。飲み物も用意しておきます。
2. 女：宿題はやってありますか。
   男：ええ、午後全部やっておきました。
3. 女：来週から東京に一週間出張するんです。
   男：じゃ、ホテルを予約しておきましょう。
   女：はい。お願いします。
4. 男：ねー、飛行機の予約してある？
   女：あ、ごめん、今、しておきます。
5. 女：すみません。出席率を調べていただきたいんですが…。
   男：あ、はい。次の休み時間に調べておきます。
   女：じゃ、よろしくお願いします。

話してみましょう

九、自分の家でパーティーをする時、どのように準備しますか。友達と話してみてください。 MP3 5-2-09

　　例えば、部屋をきれいに片付けておくとか、花を飾っておくとか、料理を作っておくとか…

単語と表現-2

押し入れ⓪	壁橱	訪れる④	到访，拜访
床の間⓪	壁龛	アドバイス①③	建议

第 **6** 課

目的·命令

目标

1. 能听懂动作、行为的目的及表示命令、指令的内容

2. 掌握表示目的、命令、指令的表达方式

3. 掌握听目的、命令、指令等内容的技巧

【6-1】後ろの人にも聞こえるように
マイクを使います

◆ 动作、行为的目的或动机

◆ 购物的目的或动机

◆ 服用药品的常识

【6-2】脱いだ物をちゃんと畳み
なさい

◆ 命令或指令所包含的信息

◆ 与命令或指令相关的表达方式

◆ 职场和家庭生活中的命令或指令

6-1 後ろの人にも聞こえるようにマイクを使います

聞く前に

まず自分で確認しましょう。録音を聞いて質問に答えてみてください。MP3 6-1-00

1. 何かの目的を達成するために、どんな表現を使いますか。次の文を完成してから覚えておき

   ましょう。（为了达到某种目的，需要使用什么样的表达方式？请完成下面的句子并记住这些表达方式。）

   日本語が上手に話せるように…　　　　遅れないように…

   学費や生活費を稼ぐために…　　　　日本のことを知るために…

2. 健康に生きるために必要なことは何ですか。次の言葉や表現を使って話してみましょう。

   （为了健康地生活，需要做些什么呢？请使用下面的表达方式说说看。）

   ダイエット　　甘いものやカロリーの高いもの　　健康診断

   スポーツや運動　　水分を補給する　　栄養バランスが取れる　　塩分を控える

基礎編

聞いて選びましょう

一、録音を聞いて、その内容と合っているものに〇を、違うものに×をつけてください。

MP3 6-1-01

> 🔊 听力要点　快速观察图片，同时思考与图片信息相关的日语表达方式。重点听：表示目的的「〜ように」「〜ないように」的表达方式。

1. ＿＿＿＿＿＿＿＿＿　　2. ＿＿＿＿＿＿＿＿＿　　3. ＿＿＿＿＿＿＿＿＿

4. _____ 5. _____ 6. _____

二、録音を聞いて、その内容と合っている絵を選んでください。 📻 6-1-02

> 🎧 **听力要点** 先读取图片信息，仔细观察A、B两幅图的区别，并思考与图片信息相关的词汇，然后有针对性地听录音。重点听：表示目的的「～ように」「～ために」的表达方式。

1.

A

B

(   )

2.

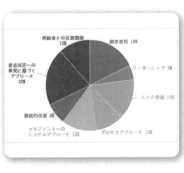

① 顧客重視
② リーダーシップ
③ 人々の参画
④ プロセスアプローチ
⑤ マネジメントへのシステムアプローチ
⑥ 継続的改善
⑦ 意志決定への事実に基づくアプローチ
⑧ 供給者との互恵関係

A   B

(   )

3.

A

B

（　　　）

4.

A

B

（　　　）

三、会話を聞いて、その内容と合っているものを選んでください。 MP3 6-1-03

> 🎧 **听力要点**　先阅读选项，找出两者间的区别，并思考与其相关的日语表达方式，然后有针对性地听录音。重点听：为达成某种目的而进行的动作或行为。

1. A：メモ帳　　　　B：携帯電話　　　　（　　　）
2. A：スカート　　　B：ズボン　　　　　（　　　）
3. A：ポケット　　　B：かばん　　　　　（　　　）

聞いて書き入れましょう

四、次は買い物についての会話です。買い物の目的を中心に会話を聞いて、例のように書いてください。 MP3 6-1-04

> 🎧 **听力要点**　阅读给出的题目信息，仿照例题，有针对性地记录录音中的关键信息。

例　女の人は＿＿一人暮らし＿＿のために、＿＿冷蔵庫＿＿を探しています。
1. 女の人は、＿＿＿＿＿＿＿＿ために、＿＿＿＿＿＿＿＿を買いました。
2. 女の人は、＿＿＿＿＿＿＿のために、＿＿＿＿＿＿＿を買いました。

五、会話を聞いて、例のように書いてください。 MP3 6-1-05

🔊 **听力要点** 阅读给出的题目信息，仿照例题，有针对性地归纳录音中的关键信息。

例 <u>英語の授業で発表する</u> ために、本を読んでまとめます。

1. ＿＿＿＿＿＿＿＿＿＿＿のために、上海（シャンハイ）へ行きます。

2. ＿＿＿＿＿＿のために、スーツを買います。

単語と表現-1

味わう③⓪	品尝	軽自動車④	轻型汽车
体重⓪	体重	花柄⓪	花纹
減らす⓪	减少，减轻	布⓪	布
効果的⓪	有效的	気分転換	换心情
体操⓪	体操	カーテン①	窗帘
カロリー①	热量，卡路里	ぐっと⓪①	一下子，格外
現場⓪	现场，工作现场	集中講義	集中授课
ジーンズ①	牛仔裤	滞在⓪	停留，逗留
無くす⓪	弄丢，丢失	あちこち②③	到处
一人暮らし④	一个人生活	詰まる②	塞满
小さめ⓪	稍小一些的	就職活動	找工作，就业活动
貯金⓪	存款	就職⓪	就业
老後⓪①	晚年	大事③⓪	重要
通勤⓪	通勤，上下班	中身②	内涵

応用編

聞いて書き入れましょう

六、録音を聞いて、次の文を完成してください。 MP3 6-1-06

> 🎧 **听力要点**　注意图片中给出的信息，提取录音中的关键信息后，完成下面的内容。

1. 食前_{しょくぜん}：＿＿＿＿＿＿＿＿＿＿＿＿＿。
2. 食後_{しょくご}：＿＿＿＿＿＿＿＿＿＿＿＿＿。
3. 食間_{しょっかん}：＿＿＿＿＿＿＿＿＿＿＿＿＿。
4. 薬_{くすり}が＿＿＿＿＿＿＿＿＿ために、飲_のむ時間_{じかん}に注意_{ちゅうい}しましょう。

七、録音を聞いて、＿＿＿＿＿に適当な言葉を書き入れてください。録音は3回繰り返します。 MP3 6-1-07

> 🎧 **听力要点**　听写原文，注意日语的正确书写方式。

　　明日_{あした}は健康診断_{けんこうしんだん}ですが、いくつかの注意事項_{ちゅういじこう}を①＿＿＿＿＿＿。よく聞_きいてください。
　　まず食事_{しょくじ}ですが、今夜_{こんや}は、夕食_{ゆうしょく}は②＿＿＿＿＿、できるだけ③＿＿＿＿＿を食_たべてください。お酒_{さけ}は絶対_{ぜったい}④＿＿＿＿＿してください。夜_{よる}は、8時_じ過_すぎたら、何_{なに}も食_たべないでください。それから明日_{あした}の朝_{あさ}は、何_{なに}も⑤＿＿＿＿＿でください。お水_{みず}もだめです。もちろん、おタバコを吸_すわないでください。とにかく検査結果_{けんさけっか}に⑥＿＿＿＿＿ようにするためには、健康診断_{けんこうしんだん}における注意事項_{ちゅういじこう}をよく守_{まも}らなければなりませんよ。

▶ シャドーイングしてみましょう

八、録音を聞きながらシャドーイングしてみましょう。 MP3 6-1-08

> 🎧 **听力要点**　注意语速、语音、语调。反复跟读录音，直至熟练。

1. 女：大学院に進学するために、ネットでいろいろ調べましたが、どれを選んだらいいか、
   ずいぶん迷っているんです。
   男：あ、そう。誰でも迷うんだよね。将来、やりたいことでもあれば、合わせて考え
   たほうがいいかもね。

2. 男：日本語がぺらぺらと話せるように、よく大家さんと日本語で話しているんですが、
   うまくいかなくて…。
   女：そのために、少なくともN2レベルの単語力と文法力を身につける必要があるん
   ですよね。

3. 女：田中さん、自転車で出勤しているんですね。
   男：そうなんだ。社会人になって、あまり運動していなかったから、健康のためにでき
   ることをしようと思って。

4. 女：李さん、分からない日本語の単語が出てきた時、どうやって調べていますか。
   男：僕はいつでも単語が調べられるように、スマホに辞書のアプリを入れてあります。

5. 女：たけし、明日、運動会でしょ？ちゃんと起きられるように今夜は早く寝なさい。
   男：僕は遅く寝ても、次の朝、ちゃんと起きられるよ。

▶ 話してみましょう

九、皆さんは旅行の時、どんな理由や目的で旅行を楽しんでいますか。例えば、上海タ
　ワー、外灘や豫園のような観光スポットを例にして、観光客の目的や観光客が多い理由
　を考えて話してみてください。 MP3 6-1-09

単語と表現-2

食前◎	饭前	健康診断⑤	体检
食後◎	饭后	影響◎	影响
食間◎	两顿饭之间	ぺらぺら①	流利
発揮◎①	发挥	大家①	房东
ずれる②	错开	社会人②	参加工作的人

6-2 脱いだ物をちゃんと畳みなさい

 聞く前に

まず自分で確認しましょう。録音を聞いて質問に答えてみてください。 MP3 6-2-00

1. 子どものしつけに関わる表現を知っていますか。次のような表現を使って、子どもに指示を出してみましょう。（你知道与小孩教养有关的表达方式吗? 请试着用下列说法向小孩提出一些要求。）

   あいさつできる　　「はい」と返事ができる　　靴が揃えられる
   食事のマナーを身につけられる　　おもちゃを片付けられる

2. 他の人に命令や指示を出す時によく使う命令表現を知っていますか。次の言い方にならって、話してみましょう。（你知道对别人发出命令或指令时的表达方式吗? 请模仿下列句子说说看。）

   人の話をちゃんと聞け！　　火事だ、逃げろ！　　やり直しなさい！
   ちゃんと座って！　　お客様に謝ってくれ！　　芝生に入らないこと！

基礎編

聞いて選びましょう

一、録音を聞いて、その内容と合っているものに○を、違うものに×をつけてください。

MP3 6-2-01

🔊 **听力要点**　快速观察图片，同时思考与图片信息相关的日语表达方式。重点听：对他人发出命令、指令时使用的表达方式。

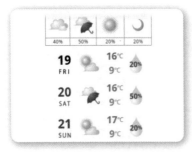　　　　

1. ＿＿＿＿＿＿＿＿　2. ＿＿＿＿＿＿＿＿　3. ＿＿＿＿＿＿＿＿

4. _____ 5. _____ 6. _____

二、会話を聞いて、その内容と合っている絵を選んでください。 📱MP3 6-2-02

🎧 **听力要点**　先读取图片信息，仔细观察A、B两幅图的区别，并思考与图片信息相关的词汇，然后有针对性地听录音。重点听：表示命令的「～なさい」、表示禁止或命令的「な」以及动词的命令形。

1.

A

B

（　　　）

2.

A

B

（　　　）

3.

A　　　　　　　　　　　　B

（　　　）

4.

A　　　　　　　　　　　　B

（　　　）

三、会話を聞いて、その内容と合っているものを選んでください。 MP3 6-2-03

听力要点　先阅读选项，找出两者间的区别，并思考相关的日语表达方式，然后有针对性地听录音。重点听：上司对部下发出指示、命令和斥责时使用的日语表达方式。

1．Ａ：別の資料　　　　　　Ｂ：会議の資料　　　　　　（　　　）
2．Ａ：同じようなミスをした　Ｂ：数字を知らない　　　　（　　　）
3．Ａ：来週　　　　　　　　Ｂ：再来週　　　　　　　　（　　　）

聞いて書き入れましょう

四、お母さんは日常生活のマナーについて子どもを指導しています。会話を聞いて、例のように書いてください。 MP3 6-2-04

听力要点　阅读给出的题目信息，仿照例题，有针对性地记录录音中的关键信息。

例　「いただきます」は、＿＿命のある食べ物＿＿に感謝するという意味です。
1．小さい時から＿＿＿＿＿＿＿＿＿＿＿＿を身に付けなければなりません。
2．脱いだ服をきちんと畳むことができる子は、＿＿＿＿＿＿＿＿＿＿＿＿。

五、会話を聞いて、例のように書いてください。 🎧 6-2-05

🎵 **听力要点** 　阅读给出的题目信息，仿照例题，有针对性地归纳录音中的关键信息。

例　日本 留学のことで、男の人は＿＿やりたいことをやりなさい＿＿と言いました。

1. お母さんは、車を運転する時、＿＿＿＿＿＿＿＿＿＿＿＿＿＿＿＿＿と言いました。

2. お父さんは宿題のことで娘に＿＿＿＿＿＿＿＿＿＿＿＿＿＿＿＿＿と言いました。

単語と表現-1

降水確率⑤	降雨概率	隠れる③	躲藏
居眠り③	打瞌睡，打盹	確保①	确保
アイロンをかける	熨衣服	指示①	指示
手が届く	手能够着	行動⓪	行动
ポーズ①	姿势	やり直す④	重做
バランスをとる	保持平衡	以後①	以后
被る②	戴（帽子），盖	一品⓪	一样，一种
水筒⓪	水壶	行儀が悪い	没教养
展示⓪	展示	テーブルマナー⑤	餐桌礼仪
触る⓪	触摸，接触	パジャマ①	睡衣
担当者	负责人	免許①	驾照
逃げる②	逃，逃跑	乗せる⓪	搭乘，装载
避難所⓪	避难所	ばれる②	暴露

応用編

聞いて書き入れましょう

六、録音を聞いて、次の文を完成してください。 MP3 6-2-06

> **听力要点** 注意图片中给出的信息，提取录音中的关键信息后，完成下面的内容。

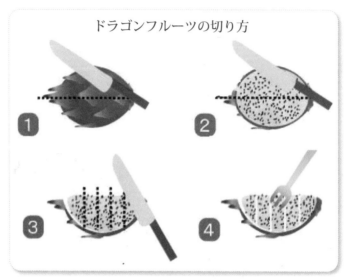

ドラゴンフルーツの切り方

1. まず、真ん中から＿＿＿＿＿＿＿＿＿＿＿＿＿＿。
2. 半分にカットしたものを更に＿＿＿＿＿＿＿＿＿。
3. 両サイドから＿＿＿＿＿＿＿＿＿＿＿＿＿＿。
4. ちゃんと＿＿＿＿＿＿＿＿＿を使って食べなさい。

七、録音を聞いて、＿＿＿＿＿に適当な言葉を書き入れてください。録音は3回繰り返します。 MP3 6-2-07

> **听力要点** 听写原文，注意日语的正确书写方式。

　　学校のサッカー部のコーチはとても厳しいです。コーチはいつも「①＿＿＿＿＿＿」と大きい声で言うので、みんな走らなければなりません。少しでも休んでいると、また怖い声で「②＿＿＿＿＿＿」と言われるので、ほとんど休めません。「体力をつけたかったら、「③＿＿＿＿＿＿」と言うので、この冬休み、私たちは毎日練習しています。そのため、④＿＿＿＿＿＿、僕はサッカーが大好きなので、⑤＿＿＿＿＿＿と思っています。

シャドーイングしてみましょう

八、録音を聞きながらシャドーイングしてみましょう。 MP3 6-2-08

听力要点 注意语速、语音、语调。反复跟读录音，直至熟练。

1. 女：ひろし、野菜全部食べなさい！野菜を食べない子は野球選手になれないよ。

   男：えっ、本当？じゃ、食べる。

2. 男：お母さん、僕もお弁当、一緒に作りたい。

   女：難しいから、まだだめよ。あっちで座って待ってて。

3. 女：私は5歳からピアノを始めたんですけど、「遊ぶな。もっと練習しなさい！」っていつも父に言われて、大変だったんです。

   男：えっ、お父さんは厳しかったんですね。

   女：でも、父のおかげで、だんだん難しい曲が弾けるようになって、ピアノが好きになったんです。

4. 男：おい、試合はどうだった？

   女：それが、負けちゃったんです。頑張ったんですけど。

   男：まあ、仕方ない。相手は去年の優勝チームだからな。まあ、次、頑張れよ。

5. 男：もうこんな時間！買いたいものはほとんど買ったし、もうそろそろ帰ろうよ。

   女：そうね。じゃ、あとは、1階の食品売り場でパンを買って帰ります。

話してみましょう

九、子どものしつけ教育について、中国と日本の家庭教育や学校教育を比べながら話してみましょう。 MP3 6-2-09

単語と表現-2

ドラゴンフルーツ	火龙果	等分⓪	等分
ビタミン②⓪	维生素	フォーク①	叉子
縦①	竖，纵	コーチ①	教练
カット①	切，剪	優勝⓪	夺冠
サイド①	边，侧		

第 **7** 課

やりもらい

目标

① 能听懂动作的授受关系

② 掌握表示授受关系的表达方式

③ 掌握听动作的授受关系的技巧

活动 1

【7-1】お祝いをあげたいんです

- 节日时的赠礼
- 赠送礼物的目的或动机
- 赠送礼物的习俗、忌讳等

活动 2

【7-2】車で家まで送ってもらいました

- 帮助别人
- 得到帮助
- 授受关系所包含的感情色彩

7-1 お祝いをあげたいんです

聞く前に

まず自分で確認しましょう。録音を聞いて質問に答えてみてください。 📱3 7-1-00

1. 友達や家族の誕生日にどんな贈り物をしますか。次の言葉を覚えましょう。（朋友和家人过生日时，你会给他们送什么礼物？记住下列词语吧！）

　　手編みのセーター　　花束　　コーヒーカップ　　ネクタイ　　エプロン

2. いつ、どんな贈り物を受け取りましたか。次の言い方を覚えておきましょう。（你在什么时候收到过什么样的礼物？记住下列内容吧！）

　　日本へ来る時→友達→帽子
　　高校を卒業した時→父→時計

基礎編

▶ **聞いて選びましょう**

一、録音を聞いて、その内容と合っているものに○を、違うものに×をつけてください。

📱3 7-1-01

🔊 **听力要点**　快速观察图片，明确说话人及箭头方向，确认礼物的赠予对象。

誕生日に、母＿＿＿＿＿＿。

花子　　花子のお母さん

誕生日に、社長の奥さん＿＿＿＿＿＿。

社長の奥さん　　社員の田中

大学を卒業した時、友達の木村さん＿＿＿＿＿＿。

松本　　友達の木村

1. ＿＿＿＿＿＿＿＿　2. ＿＿＿＿＿＿＿＿　3. ＿＿＿＿＿＿＿＿

日本へ来る時、先生＿＿＿＿＿＿。

先生　　　　　　学生

この腕時計は18歳の誕生日に、父＿＿＿＿＿＿。

弘　　　　　　弘の父

就職祝いに、同級生の山田さん＿＿＿＿＿＿。

田中　　　　　　同級生の山田

4. ＿＿＿＿＿＿＿＿＿＿＿＿＿　　5. ＿＿＿＿＿＿＿＿＿＿＿＿＿　　6. ＿＿＿＿＿＿＿＿＿＿＿＿＿

二、会話を聞いて、その内容と合っている絵を選んでください。 🎧 7-1-02

> **听力要点**　先读取图片信息，仔细观察A、B两幅图的区别，并思考与图片信息相关的词汇，然后有针对性地听录音。重点听：表示授受关系的动词及相关表达方式。

1.

A

B

（　　　）

2.

A

B

（　　　）

3.

A   B

(　　)

4.

A   B

(　　)

三、録音を聞いて、その内容と合っているものを選んでください。 🎵 7-1-03

> 🎵 **听力要点**　先阅读选项，找出两者间的区别，并思考与其相关的日语表达方式，然后有
> 针对性地听录音。重点听：送礼物和收礼物的人。

1. A：ボーイフレンド　　　B：会社の友達　　　　（　　）
2. A：お父さん　　　　　　B：お母さん　　　　　（　　）
3. A：両親　　　　　　　　B：姉　　　　　　　　（　　）

> ▶ **聞いて書き入れましょう**

四、会話を聞いて、例のように書いてください。 🎵 7-1-04

> 🎵 **听力要点**　阅读给出的题目信息，仿照例题，有针对性地记录录音中的关键信息。

例　私は兄に＿＿カード＿を＿もらい＿ました。
1. 木村さんは男の人の娘さんに＿＿＿＿＿＿＿を＿＿＿＿ました。
2. 女の人は、男の人に＿＿＿＿＿＿＿を＿＿＿＿ました。

五、会話を聞いて、例のように書いてください。 MP3 7-1-05

> 听力要点　阅读给出的题目信息，仿照例题，有针对性地归纳录音中的关键信息。

例　男の子はお姉さんから＿＿お菓子＿＿を＿＿一つ＿＿もらいました。

1. 二人は結婚祝いについて話しています。男の人は＿＿＿＿＿＿に結婚祝いをあげようと思っています。女の人は＿＿＿＿＿＿や＿＿＿＿＿＿などの実用的なものがいいと言っています。

2. 二人はペンについて話しています。佐藤さんは自分のペンを＿＿＿＿＿＿にあげましたが、＿＿＿＿＿＿が「ください」と言ったから、＿＿＿＿＿＿の弟さんがまたそのペンを＿＿＿＿＿＿にあげました。

単語と表現-1

カーネーション③	康乃馨	食器セット	餐具套装
アルバム⓪	相册	故宮①	故宫
腕時計③	手表	葉書⓪	明信片
就職祝い	就业贺礼	ハンドバッグ④	（女式）手提包
同級生③	同年级同学，同学	スカーフ②	围巾，披肩
イヤリング①	耳环，耳饰	コンサート①	音乐会，演奏会
ネックレス①	项链	コーヒーカップ	咖啡杯
結婚祝い	结婚贺礼		

応用編

聞いて書き入れましょう

六、録音を聞いて、次の文を完成してください。 MP3 7-1-06

> 🔊 **听力要点**　注意图表中给出的信息，提取录音中的关键信息后，完成下面的内容。

1歳の誕生日の祝いについてのアンケート

ケーキに 1 本のろうそく	1. [　　]
2. [　　　　　]	61.2%
お餅を背負わせる	44.7%
3. [　　]で写真を撮る	4. [　　]
お出かけ・家族旅行	26.2%

1. _____　　　　2. _____

3. _____　　　　4. _____

七、録音を聞いて、_____に適当な言葉を書き入れてください。録音は3回繰り返します。 MP3 7-1-07

> 🔊 **听力要点**　听写原文，注意日语的正确书写方式。

　　ある地方では①_____ほうの人ではなくて、②_____ほうの人が「ありがとう」と言うのだそうです。おかしいと思う人が多いかもしれませんが、説明を聞くとその理由が分かります。

　　例えば、自分が大事にしている本を③_____時には「記念に本をあげます。④_____ませんか。ああ、もらってくれて、ありがとう。おかげで私がいい行いをすることができました。本当にありがたいことです」と⑤_____が考えるのだそうです。

シャドーイングしてみましょう

八、録音を聞きながらシャドーイングしてみましょう。 MP3 7-1-08

听力要点 注意语速、语音、语调。反复跟读录音，直至熟练。

1. 女：日本ではお見舞いに百合の花をあげてはいけないことになっているんですけど。ス
    ミスさんの国ではどうですか。

    男：私の国では問題ありませんよ。

    女：そうですか。

2. 女：お祝い、何がいいかなあ。

    男：やっぱり何がほしいか本人に聞いたほうがいいと思いますよ。

    女：そうですね。必要のないものをもらっても困りますしね。

    男：ええ。

3. 男：このガイドブック、おいくらですか。

    女：無料でさしあげています。どうぞご自由にお持ちください。

    男：そうですか。ありがとうございます。1冊いただきます。

4. 女：あ、新しい時計をしていますね。

    男：ええ、父がくれたんです。

    女：前のは壊れたんですか。

    男：いいえ、あれは弟にやりました。

5. 男：いいボールペンを使ってるね。

    女：これは先生が去年くださったものですよ。

    男：ああ、そうだったね。僕が君にあげたんだったね。すっかり忘れていたよ。

話してみましょう

九、中国と日本ではお見舞いにはそれぞれどんなものをあげますか。あげてはいけないもの
   がありますか。その理由を聞かせてください。 MP3 7-1-09

単語と表現-2

アンケート①③	问卷调查	百合⓪	百合花
ろうそく③④	蜡烛	ガイドブック④	指南，参考手册
初②	最初，第一次	無料⓪①	不要钱，免费
込める②	倾注感情，装填		

7-2 車で家まで送ってもらいました

 聞く前に

まず自分で確認しましょう。録音を聞いて質問に答えてみてください。MP3 7-2-00

1. 引越しに関わる表現を知っていますか。次の表現を覚えましょう。（你知道与搬家有关的表达方式吗? 记住下列词组吧!）

   荷造りを手伝う　　荷物を運ぶ　　掃除をする　　ワゴン車を貸す

2. 他の人に何かを頼む時の表現を知っていますか。次の言い方を覚えておきましょう。（你知道在拜托别人时该用什么表达方式吗? 记住下列句子的用法吧!）

   ～てもらえませんか。

   ～ていただけますか。

   ～ていただきたいんですが…。

基礎編

聞いて選びましょう

一、録音を聞いて、その内容と合っているものに○を、違うものに×をつけてください。

MP3 7-2-01

听力要点　快速观察图片，明确说话人及箭头所表示的行为的授受方向。

日曜日に、子どもを＿＿＿＿＿＿＿。

動物園へ連れて行く

太郎　　太郎のお父さん

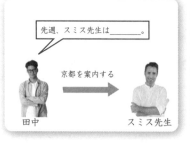

先週、スミス先生は＿＿＿＿＿＿＿。

京都を案内する

田中　　スミス先生

明日、友達の山田さんに＿＿＿＿＿＿＿。

ケーキを焼く

田中　　友達の山田

1. ＿＿＿＿＿＿＿＿＿＿　2. ＿＿＿＿＿＿＿＿＿＿　3. ＿＿＿＿＿＿＿＿＿＿

毎日、母が_____。

お弁当を作る

花子　花子のお母さん

すみません、ちょっと_____。

写真を撮る

田中　知らない人

昨日、公園で_____。

写真を撮る

田中　知らない人

4. _____　5. _____　6. _____

二、会話を聞いて、その内容と合っている絵を選んでください。 MP3 7-2-02

> **听力要点**　先读取图片信息，仔细观察A、B两幅图的区别，并思考与图片信息相关的词汇，然后有针对性地听录音。重点听：动作、行为的授受关系，以及帮助他人的人为他人都做了什么事情。

1.

A　　　　　　　　　　　B

(　　　)

2.

A　　　　　　　　　　　B

(　　　)

3.

A

B

（　　　）

4.

A

B

（　　　）

三、会話を聞いて、その内容と合っているものを選んでください。 MP3 7-2-03

🔊 **听力要点**　先阅读选项，找出两者间的区别，并思考与其相关的日语表达方式，然后有
针对性地听录音。重点听：帮助别人或得到别人帮助时使用的日语表达方式。

1. Ａ：料理を作るのを手伝う。
   Ｂ：ケーキを焼く。　　　　　　　　　　　　　　　　　　　（　　　）
2. Ａ：『中国を歩こう』という本を学校に持ってくる。
   Ｂ：学校へ『中国を歩こう』という本を取りに行く。　　　（　　　）
3. Ａ：中村さん　　　　　　　　　Ｂ：山田さん　　　　　　（　　　）

聞いて書き入れましょう

四、李さんが自分の大学生活を紹介しています。会話を聞いて、例のように書いてください。 MP3 7-2-04

听力要点 阅读给出的题目信息，仿照例题，有针对性地记录录音中的关键信息。

例 李さんが在留カードを落としたので、クラスメートの吉田さんが＿一緒に交番に行ってくれ＿ました。

1. 李さんは友達の小野さんに＿＿＿＿＿＿＿＿＿＿ます。

2. 母はよく＿＿＿＿＿＿＿＿＿＿＿＿＿＿＿＿ます。
   父もこの前の誕生日に＿＿＿＿＿＿＿＿＿＿＿＿ました。

五、会話を聞いて、例のように書いてください。 MP3 7-2-05

听力要点 阅读给出的题目信息，仿照例题，有针对性地归纳录音中的关键信息。重点听：会话中和授受关系有关的具体内容。

例 男の人は今日『犬と猫』を＿貸してもらえません＿でした。

1. 張さんは昨日田中先生の息子さんに車で＿＿＿＿＿＿＿＿＿＿ました。

2. 女の人は金さんにヨーロッパ旅行の＿＿＿＿＿＿＿＿＿＿ます。

単語と表現-1

ワゴン車	运货车	探す⓪	查找，寻找
案内③	导游，向导	貸す⓪	借给，借出
シャッター①	快门	ラケット②	（羽毛球、乒乓球、网球等的）球拍
自動販売機⑥	自动售货机		
ランプ①	车灯	在留カード⑤	侨居卡，暂住证
無事⓪	平安；没毛病	見つかる⓪	能找出，找到
助かる③	得救；省力	交番⓪	派出所
荷物運び④	搬运行李	伝える⓪③	传达，转告
頼む②	指望，依靠；委托	貸し出す③	借出
荷造り②	捆行李；包装	ご馳走⓪	美食；款待，宴请
代わる⓪	代替		

応用編

聞いて書き入れましょう

六、会話を聞いて、次の文を完成してください。 🎧 7-2-06

> **听力要点** 注意表中给出的信息，提取录音中的关键信息后，完成下面的内容。

やる（やった）人	できごと
1. _____	山下さんを小野さんに紹介した。
2. _____	山下さんが分からないことがあったら教えてくれる。
3. _____	山下さんと一緒にあいさつに行ってあげる。
4. _____	パソコンのことを教えてくれる。

七、録音を聞いて、_____に適当な言葉を書き入れてください。録音は3回繰り返します。 🎧 7-2-07

> **听力要点** 听写原文，注意日语的正确书写方式。

　　私は夏休みに日本人の友達に田舎へ①_____ました。行く時は電車で行ったので14時間もかかりました。

　　友達の家族はみんな親切でした。週末にお父さんは車できれいな湖に②_____ました。湖には魚を釣っている人や③_____人がいました。友達が船に乗ろうと言ったので、船に乗りましたが、ちょっと怖かったです。お昼はお母さんが④_____お握りを食べました。

　　帰りは一人で飛行機に乗って帰ってきました。夏休みに田舎に行くことができて、本当によかったです。今度、お礼に国の⑤_____と思っています。

シャドーイングしてみましょう

八、録音を聞きながらシャドーイングしてみましょう。MP3 7-2-08

> 听力要点　注意语速、语音、语调。反复跟读录音，直至熟练。

1. 女：最後の問題、できた？
   男：ううん。あの問題、井上さんがテストの前に教えてくれたんだけど、やっぱりできなかった。
2. 男：昨日、歌舞伎を見に行ったそうですね。よく行くんですか。
   女：いえ、初めてです。母の知り合いが招待してくれたので、一度は見ておこうと思って。
3. 女：お父さん、こちら田中さん。
   男：ああ、この間家まで送ってくださった方ですね。娘がいつもお世話になっています。
4. 女：暖かそうなセーターですね。手編みですか。
   男：ええ、母が編んでくれたんです。
5. 男：その本、どう？
   女：おもしろいよ。
   男：じゃ、読み終わったら貸してくれない？
   女：田中さんに貸してあげることになっているから、その後ならいいよ。

話してみましょう

九、大学に入った時、勉強を始めた時、どんな困ったことがありましたか。その時、誰に何をしてもらったかについて、友達と話し合ってみてください。MP3 7-2-09

単語と表現-2

ベテラン⓪	老手，经验丰富的人	歌舞伎⓪	歌舞伎
田舎⓪	乡下，农村	招待①	邀请，招待
釣る⓪	钓鱼	手編み⓪	手织（的东西）
お握り②	饭团	編む①	编，织

様子

目标

1. 能听懂对人物、物品样态的描述
2. 掌握表示比喻、列举的说法
3. 掌握听表示样态的表述技巧

8-1 あの人は元気がなさそうです

聞く前に

まず自分で確認しましょう。録音を聞いて質問に答えてみてください。 📻 8-1-00

1. 人の様子を表す言葉を日本語で言えますか。次の表現を使って話してみましょう。（你能用日语说表示人物样态的词语吗？请用以下表达方式说一说！）

　　厳しそうだ　暇そうだ　楽しそうに見える　若そうに見える　眠そうな顔をしている

2. 病気の症状にはどんなものがありますか。次の表現を使って話してみましょう。（生病时有哪些症状呢？请用以下表达方式说一说！）

　　熱がある　咳が出る　鼻水が出る　喉が痛い　寒気がする　体がだるい

基礎編

▶ 聞いて選びましょう

一、録音を聞いて、その内容と合っているものに○を、違うものに×をつけてください。

📻 8-1-01

> 🔊 **听力要点**　快速观察图片，同时思考与图片信息相关的日语表达方式。重点听：表示人物样态的词汇，注意「そうだ」及其词尾的变形。

1. _____　2. _____　3. _____

4. _____　5. _____　6. _____

二、会話を聞いて、その内容と合っている絵を選んでください。 🎵 MP3 8-1-02

> 🎵 **听力要点** 先读取图片信息，仔细观察A、B两幅图的区别，并思考与图片信息相关的词汇，然后有针对性地听录音。重点听：「そうだ」以及与其搭配的词。

1.

　　　A　　　　　　　　　　　　　　B

（　　　）

2.

　　　A　　　　　　　　　　　　　　B

（　　　）

3.

　　　　A　　　　　　　　　　　　　　B

（　　　）

4.

　　　　A　　　　　　　　　　　　　　B

（　　　）

三、会話を聞いて、その内容と合っているものを選んでください。 📻 8-1-03

> 🎧 **听力要点**　先阅读选项，找出两者间的区别，并思考与其相关的日语表达方式，然后有针对性地听录音。重点听：表示人物样态的表达方式。

1. Ａ：暇^{ひま}　　　　　　　　　　Ｂ：忙^{いそが}しい　　　　　　　　　　　　（　　　）
2. Ａ：怖^{こわ}い人^{ひと}　　　　　　Ｂ：優^{やさ}しい人^{ひと}　　　　　　　　　　（　　　）
3. Ａ：食^たべたそうな顔^{かお}をしている　Ｂ：嫌^{いや}そうな顔^{かお}をしている　（　　　）

▶ 聞いて書き入れましょう

四、会話を聞いて、例のように書いてください。 📻 8-1-04

> 🎧 **听力要点**　阅读给出的题目信息，仿照例题，有针对性地记录录音中的关键信息。

例　太郎^{たろう}さん：けっこう＿痛^{いた}そう＿でした。＿苦^{くる}しそうな＿顔^{かお}をしていました。

1. 渡辺^{わたなべ}さん：写真^{しゃしん}は＿＿＿＿＿＿そうですけど、実^{じつ}は＿＿＿＿＿＿です。
2. 山下^{やました}さんの弟^{おとうと}さん：とてもかわいくて、＿＿＿＿＿＿そうで、私^{わたし}が行^いった時^{とき}一人^{ひとり}で＿＿＿＿＿＿遊^{あそ}んでいました。

五、次はお見舞いについての内容です。会話を聞いて、例のように書いてください。 🎧 MP3 8-1-05

> 🎧 **听力要点** 阅读给出的题目信息，仿照例题，有针对性地归纳录音中的关键信息。

例 楊さんは＿＿**運動**＿＿をしていて、＿＿**足を骨折し**＿＿ました。

1. 女の人は＿＿＿＿＿を持っていったらいいと言っています。
2. 「鉢植え」は＿＿＿＿＿と言って、「＿＿＿＿＿」という意味になります。

単語と表現-1

尋ねる③	打听，询问	骨折する⓪	骨折
道に迷う	迷路	鉢植え⓪④	盆栽
にこにこ①	笑嘻嘻	品物⓪	物品
とにかく①	总之	根付く②	生根
おしゃべり②	健谈	寝付く②	因病卧床
表情③	表情	長引く③	拖延
先日⓪	前几天	タブー②①	禁忌

応用編

聞いて書き入れましょう

六、録音を聞いて、絵の内容を完成してください。MP3 8-1-06

听力要点 注意图片中给出的信息，提取录音中的关键信息后，完成下面的内容。

1. _____　　2. _____　　3. _____　　4. _____

七、録音を聞いて、_____に適当な言葉を書き入れてください。録音は3回繰り返します。MP3 8-1-07

听力要点 听写原文，注意日语的正确书写方式。

　　ギネスブックはいろいろな世界一の記録を集めた本です。その中には、誰も①_____ _____ことがたくさん載っていますが、実は②_____なこともけっこう載っています。例えば、みんなで協力して、世界一長いホットドッグを作ることとか。できあがった物はあまり③_____ですが、作るのは④_____でしょう。もちろん、ギネスブックの中には、中国人が作った世界記録もたくさん載っています。例えば、スノーボードの中国人選手は世界初の「バックサイド1980」を成功させ、その後ギネス世界記録に⑤_____されました。

▶ シャドーイングしてみましょう

八、録音を聞きながらシャドーイングしてみましょう。MP3 8-1-08

🎧 听力要点 注意语速、语音、语调。反复跟读录音，直至熟练。

1. 女：山田さん、具合が悪そうですね。大丈夫ですか。
   男：昨日の夜、一晩中隣の部屋から変な音がして、全然眠れなかったんです。

2. 男：ねえ、明日のパーティーだけど、どんな服を着ていけばいいかなあ。
   女：そうねえ、明日もすごく暑そうだから、ネクタイはしなくてもいいんじゃない。

3. 女：あっ、ガソリンがなくなりそうだわ。
   男：じゃ、あそこで入れよう。

4. 女：ちょっと、荷物が落ちそうよ。
   男：あっ、本当だ。

5. 男：ごめん、30分くらい遅れそう。
   女：えっ？また寝坊しちゃったの？

▶ 話してみましょう

九、あなたは初対面の相手に会った時、どんな印象を持っていましたか。その後、その人に対する印象や評価はどうなっていますか。MP3 8-1-09

単語と表現-2

インフルエンザ⑤	流行性感冒	現れる④	显露
ウイルス②	病毒	普通⓪	一般，普通
感染⓪	感染	落ち着く⓪	稳定
場合⓪	场合	治る②	痊愈
症状③⓪	症状	ギネスブック	吉尼斯世界纪录大全
食欲⓪②	食欲	載る⓪	记载
全身⓪	全身	協力⓪	合作；支持
痛み③	痛，疼	ホットドッグ④	热狗
呼吸器②	呼吸器官	出来上がる⓪④	做好

8-2　あのケーキはおいしそうです

聞く前に

まず自分で確認しましょう。録音を聞いて質問に答えてみてください。 MP3 8-2-00

1. 物の様子を表す言葉を日本語で言えますか。次の表現を使って話してみましょう。（你能用日语说出表示物品样态的词语吗？请用以下表达方式说一说！）

おいしそうだ　重そうだ　便利そうだ　辛そうだ

2. AとBの欄にある言葉を知っていますか。次の例のように、AとBの言葉を使って、文を作ってください。言葉の意味が分からない時は、まず、辞書で調べてみましょう。（你知道A栏和B栏中词语的意思吗？请仿照例子，用A栏与B栏中的词语造句。如果有不懂的单词，先查一下词典吧！）

A	B
硬いパン、雪、お嬢さん、頬、虹	石、人形、綿、橋、りんご

例 今朝は石のように硬いパンを食べました。

基礎編

聞いて選びましょう

一、録音を聞いて、その内容と合っているものに○を、違うものに×をつけてください。

MP3 8-2-01

听力要点　快速观察图片，同时思考与图片信息相关的日语表达方式。重点听：表述物品样态的词汇，注意「そうだ」以及与其搭配的词。

1. _____　2. _____　3. _____

4. _____ 5. _____ 6. _____

二、会話を聞いて、その内容と合っている絵を選んでください。 🎧 8-2-02

　先读取图片信息，仔细观察A、B两幅图的区别，并思考与图片信息相关的词汇，然后有针对性地听录音。重点听：「そうだ」以及与其搭配的词。

1.

A

B

(　　　)

2.

A

B

(　　　)

3.

A

B

（　　　）

4.

A

B

（　　　）

三、会話を聞いて、その内容と合っているものを選んでください。 MP3 8-2-03

　听力要点　先阅读选项，找出两者间的区别，并思考与其相关的日语表达方式，然后有针对性地听录音。重点听：表示物品样态的表达方式。

1. Ａ：難しい　　　　　Ｂ：易しい　　　　　（　　　）
2. Ａ：辛かった　　　　Ｂ：甘かった　　　　（　　　）
3. Ａ：火が消えた　　　Ｂ：火が消えていない　（　　　）

> 聞いて書き入れましょう

四、会話を聞いて、例のように書いてください。 MP3 8-2-04

　听力要点　阅读给出的题目信息，仿照例题，有针对性地记录录音中的关键信息。

例　李さんは＿＿ポップス＿＿のような＿＿音楽＿＿が好きです。

1. 箱のようなものは＿＿＿＿＿＿＿です。

2. ＿＿＿＿＿＿＿のような果物にはビタミンCがたくさん入っているから、体にいいです。

五、会話を聞いて、例のように書いてください。 MP3 8-2-05

听力要点 阅读给出的题目信息，仿照例题，有针对性地归纳录音中的关键信息。

例 申込書に＿住所＿と＿名前＿を書いてから、＿受付＿に出して診察券をもらいます。

1. この青いがばんは＿＿＿＿＿し、サイズも＿＿＿＿＿のにちょうどいいです。

2. 昨夜、停電だったので、男の人は＿＿＿＿＿をつけて、することもないから、つい＿＿＿＿＿を飲みすぎていました。

単語と表現-1

ガソリン⓪	汽油	ガスコンロ③	燃气灶
工芸品⓪③	工艺品	消える⓪	消失
高級⓪	高级	花入れ⓪④③	插花用的器皿
日差し⓪	阳光	グレープフルーツ⑥	葡萄柚
日傘②	阳伞	受付⓪	接待处
ボタン⓪①	纽扣	内科⓪①	内科
最初⓪	最初	診察券	就诊卡
マーボー豆腐⑤	麻婆豆腐	停電⓪	停电

応用編

聞いて書き入れましょう

六、録音を聞いて、絵の内容を完成してください。 MP3 8-2-06

听力要点 注意图片中给出的信息，提取录音中的关键信息后，完成下面的内容。

飲み薬

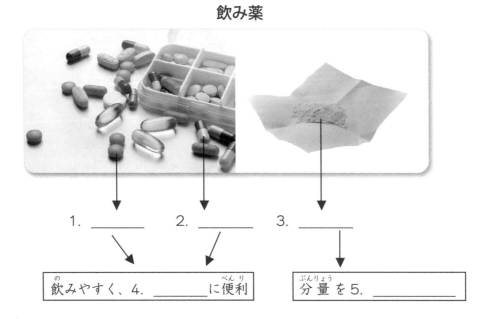

1. ＿＿＿＿　　2. ＿＿＿＿　　3. ＿＿＿＿

飲（の）みやすく、4. ＿＿＿＿に便利（べんり）

分量（ぶんりょう）を 5. ＿＿＿＿＿＿

七、録音を聞いて、＿＿＿＿＿に適当な言葉を書き入れてください。録音は3回繰り返します。 MP3 8-2-07

听力要点 听写原文，注意日语的正确书写方式。

　　お友達（ともだち）が①＿＿＿＿＿＿で入院（にゅういん）したら、お見舞（みま）いに行（い）かないと悪（わる）い、と思（おも）う方（かた）が多（おお）いでしょう。ですが、本当（ほんとう）にそうなんでしょうか。お見舞いに来（こ）られるのがいやだから、入院（にゅういん）したことを②＿＿＿＿＿＿人（ひと）もいるぐらいです。時（とき）には、行（い）かないほうがいいこともあるんです。大事（だいじ）なのは、相手（あいて）が③＿＿＿＿＿＿と思（おも）っているかです。病院（びょういん）は④＿＿＿＿＿＿なところですから、ぜひお見舞（みま）いに来（き）て話（はな）し相手（あいて）をしてほしいと思（おも）っている人（ひと）もいます。逆（ぎゃく）に、お見舞（みま）いに来（こ）られると⑤＿＿＿＿＿＿疲（つか）れてしまうと思（おも）っている人（ひと）もいます。

シャドーイングしてみましょう

八、録音を聞きながらシャドーイングしてみましょう。 MP3 8-2-08

　🔊 听力要点 　注意语速、语音、语调。反复跟读录音，直至熟练。

1. 女：色は赤、青、黒がございます。

　　男：あっ、黒もあるんだ。でも、高そうだな。

2. 女：あっ、この木、折れそうよ。

　　男：ほんとだ。危ない。逃げろ！

3. 女：今日は天気がよくて、暑くなりそうね。

　　男：そうだね。じゃ、帽子を持っていこう。

4. 男：田中さんは歌が上手ですね。

　　女：ええ。まるで歌手のようです。

5. 女：鈴木さんはどんな食べ物が好きですか。

　　男：そうですね。寿司や天ぷらのような日本料理が好きです。

話してみましょう

九、「緑の山河は金山銀山である」理念であなたの故郷はどのように変わりましたか。その変化を日本語で話してみてください。 MP3 8-2-09

単語と表現-2

ケース①	情况	分量③	分量
対応⓪	对应	調節⓪	调节
錠剤⓪	药片	長所①	长处
カプセル①	胶囊	秘密⓪	秘密
粉薬③②	散剂，粉药	逆に	相反
持ち運び⓪	搬运	気を使う	用心，留神

情報（伝聞）

目标

1. 能听懂传闻、推测的内容
2. 掌握传闻、推测的表达方式
3. 掌握听传闻、推测的技巧

【9-1】明日雨が降るそうです

活动
1

◆ 有关传闻内容的表述

◆ 有关信息来源的表述

【9-2】喫茶店でアルバイトし
ているらしいです

活动
2

◆ 表示主观推测的说法

◆ 表示客观推测的说法

9-1 明日雨が降るそうです

聞く前に

まず自分で確認しましょう。録音を聞いて質問に答えてみてください。 📼 9-1-00

1. 伝聞を表す表現を日本語で言えますか。次の表現を使って話してみましょう。（你会用日语说表示传闻的表达方式吗？请用以下表达方式说一说！）

　　〜そうだ　　〜聞いている　　〜と言っている　　だって

2. 情報源を表す表現を日本語で言えますか。次の表現を使って話してみましょう。（你会用日语说表示信息来源的表达方式吗？请用以下表达方式说一说！）

　　新聞によると　　今朝のニュースによれば　　友達の話では

基礎編

▶ 聞いて選びましょう

一、録音を聞いて、その内容と合っているものに○を、違うものに×をつけてください。

📼 9-1-01

> **听力要点** 快速观察图片，同时思考与图片信息相关的日语表达方式。重点听：传闻的内容及表示传闻的不同表达方式。

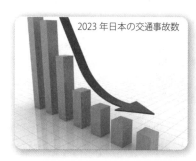

1. ＿＿＿＿＿＿＿　　2. ＿＿＿＿＿＿＿　　3. ＿＿＿＿＿＿＿

4. _____ 5. _____ 6. _____

二、録音を聞いて、その内容と合っている絵を選んでください。 MP3 9-1-02

> **听力要点** 先读取图片信息，仔细观察A、B两幅图的区别，并思考与图形信息相关的词汇，然后有针对性地听录音。重点听：表示传闻的助动词「そうだ」及传闻的内容。

1.

午前中　　午後　　夕方　　　　　　午前中　　午後　　夕方

A　　　　　　　　　　　　　　　B

（　　　）

2.

A　　　　　　　　　　　　　　　B

（　　　）

3.

A　　　　　　　　　　　　　　B

（　　　）

4.

約束時間	5 時半
山下さん	6 時半
井上さん	5 時

A

約束時間	5 時半
山下さん	6 時
井上さん	5 時

B

（　　　）

三、会話を聞いて、その内容と合っているものを選んでください。 MP3 9-1-03

🎧 **听力要点** 先阅读选项，找出两者间的区别，并思考与其相关的日语表达方式，然后有针对性地听录音。重点听：表示传闻的表达方式。

1. A：張さんが日本に来る。　　　B：小野さんが日本に来る。　　　（　　　）
2. A：会話の授業は休講になる。　B：会話の授業は小テストになる。　（　　　）
3. A：食器を洗う。　　　　　　　B：洗濯をする。　　　　　　　　　（　　　）

▶ **聞いて書き入れましょう**

四、会話を聞いて、例のように書いてください。 MP3 9-1-04

🎧 **听力要点** 阅读给出的题目信息，仿照例题，有针对性地记录录音中的关键信息。

例 健康食品は＿健康な体作りに役立つ＿そうです。
1. 鈴木さんの話では、林さんは＿＿＿＿＿＿＿＿そうです。
2. 新聞によると、最近の若者は＿＿＿＿＿＿＿＿そうです。

五、会話を聞いて、例のように書いてください。 🎧 9-1-05

> **听力要点** 阅读给出的题目信息，仿照例题，有针对性地归纳录音中的关键信息。

例 女の人はボランティア活動で＿＿公園＿＿を掃除すると言っています。

1. 女の人は＿＿＿＿＿＿＿＿＿＿＿＿をするため、アルバイトを減らすと言っています。

2. 今朝の天気予報で、東京は＿＿＿＿＿＿＿＿って言っていました。

単語と表現-1

交通事故⑤	交通事故	八百屋⓪	蔬菜店
天気予報④	天气预报	役立つ③	有用
夕方⓪	傍晚	体力①	体力
止む⓪	停止	高める③	提高
機能①	功能	自体①	本身
休講⓪	停课	日本語能力試験⑩	日本语能力测试
確実⓪	确实	診療⓪	诊疗

応用編

▶ 聞いて書き入れましょう

六、録音を聞いて、絵の内容を完成してください。🎵 9-1-06

🎧 **听力要点** 注意图片中给出的信息，提取录音中的关键信息后，完成下面的内容。

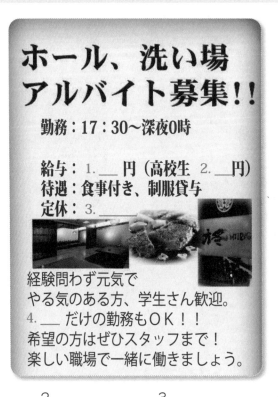

1. ＿＿＿＿＿＿　　2. ＿＿＿＿＿＿　　3. ＿＿＿＿＿＿　　4. ＿＿＿＿＿＿

七、録音を聞いて、＿＿＿＿＿＿に適当な言葉を書き入れてください。録音は3回繰り返します。🎵 9-1-07

🎧 **听力要点** 听写原文，注意日语的正确书写方式。

　　中国の若者は今どんな生活をし、①＿＿＿＿＿＿＿＿＿＿＿＿＿＿＿＿＿＿のでしょうか。ある調査によると、18歳から35歳までの中国の若者の②＿＿＿＿＿＿＿＿＿＿＿＿＿＿＿は、旅行、パソコン・スマホなどの③＿＿＿＿＿＿＿＿＿、ヘルスケアでした。18歳から35歳までの④＿＿＿＿＿＿＿が、仕事を選ぶ時に給与・待遇により注目すると答えました。その割合は、36歳から59歳までの層を下回っていました。一方、「⑤＿＿＿＿＿＿＿」や「就職のルート」「昇進の可能性」を考える割合は、36歳から59歳までを大きく上回っていました。

シャドーイングしてみましょう

八、録音を聞きながらシャドーイングしてみましょう。 MP3 9-1-08

听力要点 注意语速、语音、语调。反复跟读录音，直至熟练。

1. 男：佐藤さん、結婚したそうだよ。

   女：えっ？ほんとう？よかったね。
2. 男：中村さん、よくなったそうですよ。

   女：もう怪我は治りましたか。よかったですね。
3. 女：部長、山田さんから電話がありまして、風邪を引いて、今日はお休みだそうです。

   男：ああ、そう？最近、忙しかったからね。
4. 男：今朝のニュースで、沖縄は風が強くて、大雨になるって言っていました。

   女：そうですか。
5. 女：伊藤さん、日曜日何か予定ある？

   男：うん、週末は引っ越しをするんだ。大家さんに来月から家賃が高くなるって言われたんだ。

話してみましょう

九、他の人から聞いたおもしろい話、あるいは忘れられない話をしてみてください。

MP3 9-1-09

単語と表現-2

募集⓪	募集	職場⓪③	职场
勤務①	工作	消費⓪①	消费
ホール①	大厅	ランキング①⓪	排序
洗い場⓪	洗餐具的地方	ヘルスケア④	保健
深夜①	深夜	下回る⓪④	低于
制服⓪	制服	ルート①	渠道
定休日③	定期休息日	昇進⓪	晋升
スタッフ②	工作人员	上回る④⓪	超过

9-2 喫茶店でアルバイトしているらしいです

聞く前に

まず自分で確認しましょう。録音を聞いて質問に答えてみてください。 MP3 9-2-00

1. 次の文の意味が分かりますか。「～ようだ」「～らしい」を使って、友達と話し合って練習

しましょう。（你知道下列句子的意思吗？和朋友们一起说一说，练习一下吧！）

①A：田中さん、機嫌が悪いようですね。　　B：上司と口論になったらしいんです。

②A：山田さん、休みが多いようですね。　　B：体を壊しているらしいんです。

③A：井上さん、痩せたようですね。　　　　B：ダイエットしているらしいんです。

2. アルバイトの職類を知っていますか。あなたはどんなアルバイトをしたいですか。（你了解

打工的种类吗？你想打什么样的工呢？）

店員　　配達員　　レジ係　　家庭教師　　イベントスタッフ

基礎編

聞いて選びましょう

一、録音を聞いて、その内容と合っているものに○を、違うものに×をつけてください。

MP3 9-2-01

听力要点　快速观察图片，同时思考与图片信息相关的日语表达方式。重点听：和推测
有关的内容，注意助动词「ようだ」「らしい」前面的内容。

1. ＿＿＿＿＿＿＿　2. ＿＿＿＿＿＿＿　3. ＿＿＿＿＿＿＿

4. _____　5. _____　6. _____

二、会話を聞いて、その内容と合っている絵を選んでください。 🎧 9-2-02

> 🔊 **听力要点**　先读取图片信息，仔细观察A、B两幅图的区别，并思考与图形信息相关的词汇，然后有针对性地听录音。重点听：根据主客观信息进行判断的语句。

1.

A

B

（　　　）

2.

A

B

（　　　）

3.

A　　　　　　　　　　　B

（　　　）

4.

A　　　　　　　　　　　B

（　　　）

三、会話を聞いて、その内容と合っているものを選んでください。 MP3 9-2-03

> 🔊 **听力要点** 先阅读选项，找出两者间的区别，并思考与其相关的日语表达方式，然后有针对性地听录音。重点听：传闻的内容及根据主客观信息进行推测的表达方式。

1. A：駅前のスーパーは大丈夫なようだ。
   B：駅前のスーパーは倒産したそうだ。　　　　　　　（　　　）
2. A：二人は今、駅にいる。
   B：二人は今、本屋にいる。　　　　　　　　　　　　（　　　）
3. A：事故があったらしくて、電車が止まった。
   B：橋を調べていたらしくて、電車が止まった。　　（　　　）

聞いて書き入れましょう

四、会話を聞いて、例のように書いてください。 MP3 9-2-04

🔊 听力要点　阅读给出的题目信息，仿照例题，有针对性地记录录音中的关键信息。重点
听：表示推测的助动词「ようだ」及其相关内容。

例　何か___大きいものが落ちた___ようです。

1. みんなで家のことをやって、＿＿＿＿＿＿＿＿＿＿＿＿＿＿＿ようです。

2. どうやら、＿＿＿＿＿＿＿＿＿のようです。

五、会話を聞いて、例のように書いてください。 MP3 9-2-05

🔊 听力要点　阅读给出的题目信息，仿照例题，有针对性地归纳录音中的关键信息。

例　恵子さんは___取引先との打ち合わせがある___ので、来られなくなりました。

1. 男の人は＿＿＿＿＿＿＿＿＿＿＿＿＿＿＿ので、アルバイトを断りました。

2. 男の人は＿＿＿＿＿＿＿＿＿＿＿＿＿＿＿から、野球を見ておかないといけないと言っ

ています。

単語と表現-1

行列⓪	队伍	倒産⓪	倒闭
濡れる⓪	淋湿	年寄り③④	老人
喧嘩⓪	吵架	わざわざ①	特意
合わせる③	搭配	スマホ⓪	智能手机
代表⓪	代表	溢れる③	溢出
メートル⓪	（长度单位）米	リビングルーム⑤	客厅
さすが⓪	真不愧是	滑る②	滑倒
夕食⓪	晚饭	故障⓪	故障
しゃぶしゃぶ⓪	涮肉	向かう⓪	朝着
大好物③	爱吃的东西	取引先⓪	客户
区役所②	区政府	シーズン①	季节；赛季
間違える④③	弄错	応援⓪	助威；支持
反対⓪	相反		

応用編

聞いて書き入れましょう

六、録音を聞いて、次の文を完成してください。 🎵 9-2-06

🎧 **听力要点** 注意图片中给出的信息，提取录音中的关键信息后，完成下面的内容。

アルバイトのマニュアル

1. ＿＿＿＿＿＿＿＿＿　2. ＿＿＿＿＿＿＿＿＿　3. ＿＿＿＿＿＿＿＿＿　4. ＿＿＿＿＿＿＿＿＿

七、録音を聞いて、＿＿＿＿＿＿＿に適当な言葉を書き入れてください。録音は3回繰り返します。 🎵 9-2-07

🎧 **听力要点** 听写原文，注意日语的正确书写方式。

　　アニメや漫画などの日本の①＿＿＿＿＿＿＿＿＿が、海外の若者にも人気があります。しかし、これはなぜなんでしょう。昔は、②＿＿＿＿＿＿＿＿＿が外国の人に珍しがられた（觉得稀奇）こともありました。でも、③＿＿＿＿＿＿＿＿＿。最近のアニメは、どこの国のものか分からないものが多くなっています。だから、どこの国の若者も抵抗なく好きになれます。近年、日本は④＿＿＿＿＿＿＿＿＿で、日本らしいところがなくなってきていますよね。グローバル化は漫画にもアニメにも現れています。そういうところが、どうも、⑤＿＿＿＿＿＿＿＿＿みたいなんです。

シャドーイングしてみましょう

八、録音を聞きながらシャドーイングしてみましょう。🎵 9-2-08

> **听力要点** 注意语速、语音、语调。反复跟读录音，直至熟练。

1. 男：渡辺さん、家を買ったそうだよ。

   女：え？ほんとう？いいね。どこ？

2. 女：すみません。今日、そちらのロビーにかばんを忘れてきてしまったみたいなんですが。黒いものです。

   男：あ、はい、お預かりしていますよ。

3. 女：明日のキャンプ、楽しみね。

   男：うん。あ、でも、天気、明日から悪くなるみたいだよ。

4. 男：もうすぐ野球の試合があるらしいですね。

   女：ええ。見たいですよね。

5. 女：今日の結婚式は素晴らしかったわね。花嫁さんもきれいだったし。

   男：そうかな。ちょっと派手すぎじゃなかったか。ずいぶん無駄にお金を使っているような気がするけど。

話してみましょう

九、大学生がアルバイトをする主な理由として、「生活費稼ぎ」「お金を貯めて買い物をする」「早く経済的独立を果たす」などが挙げられています。あなたはアルバイトをする場合、何をしたいですか。その理由は何ですか。日本語で話してみてください。🎵 9-2-09

単語と表現-2

希望⓪	希望	丁寧①	有礼貌
ポイント⓪	要点	チェック①	检查
マナー①	礼貌，礼节	余裕⓪	富余
ステップ②	步骤	敬語⓪	敬语
言葉遣い④	说法，措辞	姿勢⓪	态度；姿势
最大限③	最大限度	抵抗⓪	抵抗，抵触
履歴書⓪④	简历	グローバル②	全球的

第 **10** 課

できごとの条件

活动 1

【10-1】青いボタンを押せば
お水が出ます

◆ 提示必要条件

◆ 说明机器的操作方法

活动 2

【10-2】この道をまっすぐ行くと
コンビニがあります

◆ 提示假设条件

◆ 表述问路、指路

10-1 ▶ 青いボタンを押せばお水が出ます

聞く前に

まず自分で確認しましょう。録音を聞いて質問に答えてみてください。 MP3 10-1-00

1. 次の 諺 を知っていますか。辞書でその意味を調べてみましょう。（你知道下列谚语吗？查一下词典吧！）

三人寄れば文殊の知恵　　　噂 をすれば影がさす　　　住めば 都

ちりも積もれば山となる　　犬も歩けば棒に当たる

2. あなたは最近何かしたいことがありますか。そのためには、何が必要だと思いますか。「～には、どうすればいいと思いますか」という文型を使って、友達と話し合ってみましょう。

（你最近有什么想做的事情吗？为此，你认为需要什么条件？请使用「～には、どうすればいいと思いますか」这一句型，和朋友们说一说吧！）

日本の文化をもっと知りたいです。

もっと痩せたいです。

基礎編

聞いて選びましょう

一、録音を聞いて、その内容と合っているものに○を、違うものに×をつけてください。

MP3 10-1-01

🔊 **听力要点** 快速观察图片，同时思考与图片信息相关的日语表达方式，如名称、功能等内容。

1. ＿＿＿＿＿＿＿＿　2. ＿＿＿＿＿＿＿＿　3. ＿＿＿＿＿＿＿＿

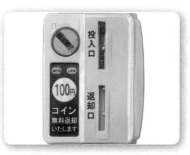

4. _____   5. _____   6. _____

二、会話を聞いて、その内容と合っている絵を選んでください。 MP3 10-1-02

> 🎧 **听力要点** 先读取图片信息，仔细观察A、B两幅图的区别，并思考与图片信息相关的词汇，然后有针对性地听录音。

1.

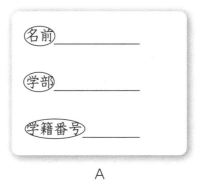

    A   B

（ ）

2.

    A   B

（ ）

3.

A　　　　　　　　　　　　　　　　B

（　　　）

4.

A　　　　　　　　　　　　　　　　B

（　　　）

三、会話を聞いて、その内容と合っているものを選んでください。 🔊MP3 10-1-03

> 🔊听力要点　先阅读选项，找出两者间的区别，并思考与其相关的日语表达方式，然后有针对性地听录音。重点听：两个选项间的不同之处。

1．A：甘いものを食べる。　　　　B：甘いものを食べない。　　　　（　　　）
2．A：温かい牛乳を飲む。　　　　B：冷たい牛乳を飲む。　　　　（　　　）
3．A：子どもが無事に生まれてほしい。　B：頭のいい子が生まれてほしい。（　　　）

> ▶ **聞いて書き入れましょう**

四、会話を聞いて、例のように書いてください。 🔊MP3 10-1-04

> 🔊听力要点　阅读给出的题目信息，仿照例题，有针对性地记录录音中的关键信息。

例　女の人は、新宿に着いてから、＿＿2番＿＿の出口を出て、＿＿右＿＿にまっすぐ行きます。
「＿＿まぐろ＿＿」というおすし屋のところで男の人に＿＿電話します＿＿。

1．総務課の田中さんは来月結婚するので、昨日、会社を＿＿＿＿＿＿＿＿＿。ご主人になる人

は今、＿＿＿＿＿＿＿で仕事をしているので、＿＿＿＿＿＿＿したら、田中さんは＿＿＿＿＿＿＿＿＿へ行きます。

2. 男の人はゼミ発表の準備について説明しています。まず、図書館で必要な資料を集めてきます。それから、集めた資料の＿＿＿＿＿＿＿と＿＿＿＿＿＿＿をパソコンに＿＿＿＿＿＿＿して保存します。

五、それぞれ何の話をしていますか。録音を聞いて、例のように書いてください。 MP3 10-1-05

🎧 **听力要点** 阅读给出的题目信息，仿照例题，有针对性地归纳录音中的关键信息。

例 二人は＿＿スマホ決済＿＿について話しています。今は、スマホでお店のQRコードを読み取ると、＿＿支払いができます＿＿。

1. お母さんと息子さんはレストランの＿＿＿＿＿＿＿について話しています。このボタンを押すと、＿＿＿＿＿＿＿が来てくれます。

2. 二人は＿＿＿＿＿＿＿の話をしています。この機械の電源を入れるには、「＿＿＿＿＿＿」というボタンを押せばいいです。「スタート」ボタンを押すと、＿＿＿＿＿＿＿＿＿。

単語と表現-1

咳②	咳嗽	会社を辞める	辞职
楽器⓪	乐器	集める③	收集
吹く①②	吹奏	入力⓪①	输入
手続き②	手续	保存⓪	保存
所属⓪	所属	キーワード③	关键词
記入⓪	填写	スマホ決済④	手机支付
電源を入れる	接通电源	払う②	付款
踊りだす④	跳起舞来	支払い⓪	支付
香り⓪	香味	QRコード③	二维码
汚れ⓪	污渍	読み取る③⓪	读取
落とす②	清除，去除；使落下	スイッチを入れる	按下开关
寝つきが悪い	入睡困难	原稿⓪	原稿
期待⓪	期待	スタート②⓪	开始
総務課	总务科		

応用編

聞いて書き入れましょう

六、録音を聞いて、絵の内容を完成してください。 MP3 10-1-06

听力要点 注意图片中给出的信息，提取录音中的关键信息后，完成下面的内容。

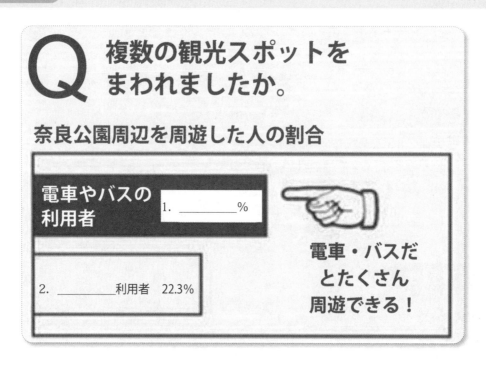

Q 複数の観光スポットを
まわれましたか。

奈良公園周辺を周遊した人の割合

電車やバスの利用者 1. _____ %

2. _____ 利用者 22.3%

電車・バスだ
とたくさん
周遊できる！

七、録音を聞いて、_____ に適当な言葉を書き入れてください。録音は3回繰り返します。 MP3 10-1-07

听力要点 听写原文，注意日语的正确书写方式。

私のおばあさんは今年90歳で、まだまだ元気です。いつもにこにこしていて、怒ったりしたことは一度もありません。毎朝、① _____ 、必ず起きて庭をゆっくりと20分ぐらい散歩します。② _____ 、朝ご飯を食べます。毎日の食事はいつも同じ時間に取ります。そして、いつも、食事をしながら「③ _____ 病気にかかりませんよ」とか「ご飯を食べないと、元気が出ませんよ」とか「野菜をたくさん食べれば、④ _____ よ」とかいろいろ⑤ _____ 。

シャドーイングしてみましょう

八、録音を聞きながらシャドーイングしてみましょう。 MP3 10-1-08

> 🎧 **听力要点**　注意语速、语音、语调。反复跟读录音，直至熟练。

1. 女1：明日、暇だったら、家へ遊びに来ませんか。

   女2：ええ、喜んで行きます。

2. 女：この頃、体の調子がよくないんです。どうすればいいでしょうか。

   男：毎日ビタミン剤を飲めば、よくなりますよ。

3. 女：もう少し痩せたいんですけど、何かいい方法、ありますか。

   男：毎日、運動をすれば痩せるんじゃないでしょうか。

4. 女：地下鉄の駅まで行きたいんですが、どう行けばいいですか。

   男：この道をまっすぐ行けば駅ですよ。

5. 女：すみません、上野公園へ行くには、何番のバスに乗ればいいですか。

   男：3番のバスに乗ってください。

話してみましょう

九、環境を守るには、どんなことをすればいいと思いますか。あなたの意見を述べてみてください。 MP3 10-1-09

単語と表現-2

渋滞⓪	堵车	独り言を言う	自言自语
費やす③⓪	浪费		

10-2　この道をまっすぐ行くとコンビニがあります

聞く前に

まず自分で確認しましょう。録音を聞いて質問に答えてみてください。 MP3 10-2-00

1. あなたは日本語で道案内ができますか。次の言葉を読んでみましょう。（你会用日语指路吗？读一读下列语句吧！）

   まっすぐ行きます。　　右に曲がります。　　次の角を左に曲がります。
   交差点を渡ります。　　信号を渡ります。　　コンビニを左に曲がるとすぐ見えます。

2. 次の言葉を読んで覚えましょう。そして、これらの言葉を使ってみてください。（请读一读下列语句并记住它们吧！再试着用这些语句说一说吧！）

   チャンスがあったら／あれば　　　ご都合がよかったら／よければ
   明日天気がよかったら／よければ　　忙しかったら／お忙しければ

基礎編

聞いて選びましょう

一、録音を聞いて、その内容と合っている絵の下にA～Fの番号を書いてください。 MP3 10-2-01

🔊 听力要点　快速观察图片，同时思考与图片信息相关的日语表达方式，如该物品的功能、使用方法等。

1. _____　2. _____　3. _____

4. _____ 5. _____ 6. _____

二、会話を聞いて、その内容と合っている絵を選んでください。 MP3 10-2-02

听力要点　先读取图片信息，仔细观察A、B两幅图的区别，并思考与图片信息相关的词汇，然后有针对性地听录音。重点听：图片中两种物品的不同作用等。

1.

A   B

（   ）

2.

A   B

（   ）

3.

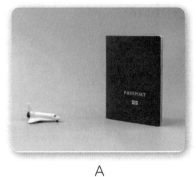

A　　　　　　　　　　　　B

(　　)

4.

A　　　　　　　　　　　　B

(　　)

三、会話を聞いて、その内容と合っているものを選んでください。 ᴹᴾ3 10-2-03

听力要点　先阅读选项，找出两者间的区别，并思考与其相关的日语表达方式，然后有针对性地听录音。重点听：两个选项间的不同之处。

1. Ａ：男の人はスマホを買う。
　　Ｂ：男の人は買うかどうかまだ分からない。　　　(　　)
2. Ａ：明日の昼食は上野公園で取る。
　　Ｂ：明日の昼食はスカイツリーで取る。　　　(　　)
3. Ａ：食事会の時間は再来週の金曜日にした。
　　Ｂ：食事会の時間はまだ決まっていない。　　　(　　)

聞いて書き入れましょう

四、会話を聞いて、例のように書いてください。 MP3 10-2-04

听力要点　阅读给出的题目信息，仿照例题，有针对性地记录录音中的关键信息。

例　今、＿＿7時50分＿＿です。二人は＿＿8時＿＿まで待つことにしました。

1. 学生が図書館の会議室を利用するには＿＿＿＿＿＿＿＿が必要です。電話での予約なら＿＿＿＿＿＿＿＿にしなければなりませんが、ネット予約なら＿＿＿＿＿＿＿＿でも大丈夫です。

2. 作文は今週中に出せない人は＿＿＿＿＿＿＿＿に出してもいいです。その時は教室ではなく、＿＿＿＿＿＿＿＿に持って行かなければならないのです。先生がいない時は作文を＿＿＿＿＿＿＿＿ばいいです。

五、会話を聞いて、例のように書いてください。 MP3 10-2-05

听力要点　阅读给出的题目信息，仿照例题，有针对性地归纳录音中的关键信息。

例　卒業パーティーの司会は＿＿鈴木さん＿＿がやってくれるかどうかを確認します。もしだめだったら、＿＿林さん＿＿に頼んでみます。

1. 二人はこれからまず、＿＿＿＿＿＿＿＿に間に合うように急ぎます。もし、終電に乗れなかったら、＿＿＿＿＿＿＿＿。

2. 留学生が＿＿＿＿＿＿＿＿ば、市民会館に入れます。

単語と表現-1

早起き②	早起	ゼミ①	研究班，研讨会
交通違反⑤	违反交通规则	申し込む④⓪	申请
見かける⓪③	看见	郵便受け③	信箱，邮箱
政治⓪	政治	司会⓪	主持人
法律⓪	法律	嫌がる③	讨厌；不愿意
守る②	遵守	終電⓪	末班车
助ける③	帮助		

応用編

聞いて書き入れましょう

六、正しい場所はどこですか。会話を聞いて、例のように〇の中に番号を書き入れてください。 MP3 10-2-06

听力要点 注意图片中给出的信息，提取录音中的关键信息后，完成下面的内容。

例　コンビニ
1. さくら銀行<ruby>銀行<rt>ぎんこう</rt></ruby>　　2. 映画館<ruby>映画館<rt>えいがかん</rt></ruby>

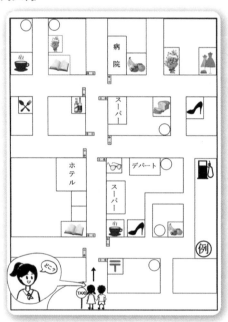

七、録音を聞いて、＿＿＿＿＿＿に適当な言葉を書き入れてください。録音は3回繰り返します。 MP3 10-2-07

听力要点 听写原文，注意日语的正确书写方式。

　　私<rt>わたし</rt>は文化大学<rt>ぶんかだいがく</rt>の留学生<rt>りゅうがくせい</rt>です。今<rt>いま</rt>、① ＿＿＿＿＿＿＿＿＿＿＿＿＿＿＿＿。大学<rt>だいがく</rt>の授業<rt>じゅぎょう</rt>は毎日<rt>まいにち</rt>9時<rt>じ</rt>から12時半<rt>じはん</rt>までなので、午後<rt>ごご</rt>しか働<rt>はたら</rt>けません。できれば② ＿＿＿＿＿＿＿機会<rt>きかい</rt>の多<rt>おお</rt>い仕事<rt>しごと</rt>をしたいと思<rt>おも</rt>っています。例<rt>たと</rt>えば、イベントスタッフとか、コンビニの店員<rt>てんいん</rt>とか。そういった仕事<rt>しごと</rt>なら日本人同士<rt>にほんじんどうし</rt>の会話<rt>かいわ</rt>を聞<rt>き</rt>いたり、自分<rt>じぶん</rt>も日本語<rt>にほんご</rt>を話<rt>はな</rt>したりすることができるからいいと思<rt>おも</rt>います。それに、③ ＿＿＿＿＿＿＿なら、店<rt>みせ</rt>で食事<rt>しょくじ</rt>が出<rt>で</rt>たり、余<rt>あま</rt>った商品<rt>しょうひん</rt>を④ ＿＿＿＿＿＿＿することができると聞<rt>き</rt>いたことがあります。⑤ ＿＿＿＿＿＿＿、一石二鳥<rt>いっせきにちょう</rt>です。

シャドーイングしてみましょう

八、録音を聞きながらシャドーイングしてみましょう。 MP3 10-2-08

🎧 **听力要点** 注意语速、语音、语调。反复跟读录音，直至熟练。

1. 男：明日、暇だったら、いっしょに野球をしませんか。

   女：ええ、そうしましょう。

2. 男：田中さん、来週の水曜日、ご都合がよろしければ、一緒にお食事でもいかがですか。

   女：はい、ありがとうございます。

3. 男1：ビール、もう一杯いかがですか。

   男2：いやあ、もう結構です。私はお酒が弱くて…。お酒を飲むと、すぐ顔が赤くなってしまうんです。

4. 男：すみません。近くに郵便局がありますか。

   女：ええ、次の角を右に曲がると、左側にあります。

5. 男：日本人の普通の話がなかなか聞き取れないんですけど、どうすればいいでしょうか。

   女：毎日、日本語のドラマなどを見れば聞く力が付くと思います。

話してみましょう

九、中国語が上手になるには、どうすればいいと思いますか。中国語を勉強している日本人にアドバイスをしてください。 MP3 10-2-09

単語と表現-2

突き当り⓪	尽头	イベントスタッフ	活动（接待、组织
一石二鳥⓪⑤	一石二鸟		等）工作人员

話題の前提設定

目标

① 能听懂有关话题的设定及提议的内容

② 掌握「なら・と・たら」的用法

③ 掌握听话题及前提条件的技巧

活动 1

【11-1】冬の楽しみなら、温泉です

- 设定话题条件
- 表述观光话题

活动 2

【11-2】窓を開けたら、富士山が見えました

- 表述警告、建议
- 表述意外经历

11-1 ▶ 冬の楽しみなら、温泉です

聞く前に

まず自分で確認しましょう。録音を聞いて質問に答えてみてください。 MP3 11-1-00

1. 「なら」を使って、自分の意見やアドバイスなどを表すことができます。次の文を完成して、友達へのアドバイスをしてみてください。（使用「なら」可以表达自己的意见和建议。完成下列句子，试着向朋友提出建议。）

   1. 冬の旅行なら ＿＿＿＿＿＿＿＿＿＿。

   2. アルバイトなら ＿＿＿＿＿＿＿＿＿＿。

   3. ダイエットをしたいなら ＿＿＿＿＿＿＿＿＿＿。

2. 日本には、いろいろな名所旧跡があります。次の観光スポットはどこにあるか知っていますか。ネットで調べて、確認しましょう。あなたは日本を旅行するなら、どこを見てみたいですか。（日本有很多名胜古迹，你知道下面这些观光景点在哪里吗？在网上查一查，确认一下吧！去日本旅游的话，你想去哪些地方观光呢？）

   | 金閣寺　　清水寺　　東大寺　　スカイツリー　　大阪城　　浅草　　浅草寺 |

基礎編

▶ 聞いて選びましょう

一、録音を聞いて、その内容と合っている絵の下にA～Fの番号を書いてください。 MP3 11-1-01

> 🎧 听力要点　快速观察图片，同时思考与图片信息相关的日语表达方式，如该场所的功能及服务内容等信息。重点听：「～なら」前面的内容。

1. ＿＿＿＿＿＿＿＿＿　　　2. ＿＿＿＿＿＿＿＿＿　　　3. ＿＿＿＿＿＿＿＿＿

4. _____ 5. _____ 6. _____

二、会話を聞いて、その内容と合っている絵を選んでください。 🎧 11-1-02

> 🎧 **听力要点** 先读取图片信息，仔细观察A、B两幅图的区别，并思考与图片信息相关的词汇，然后有针对性地听录音。重点听：说话人用「なら」设定的前提。

1.

A   B

(   )

2.

A   B

(   )

3.

A   B

(   )

4.

A   B

(   )

三、会話を聞いて、その内容と合っているものを選んでください。📢 11-1-03

> 🎧**听力要点** 先阅读选项，找出两者间的区别，并思考与其相关的日语表达方式，然后有针对性地听录音。

1. A：てんぷらを注文する。　　B：刺身を注文する。　　　　（   ）
2. A：日曜日の午後にする。　　B：土曜日の午後にする。　　（   ）
3. A：チャーハンが作れる。　　B：味噌汁が作れる。　　　　（   ）

▶ **聞いて書き入れましょう**

四、会話を聞いて、例のように書いてください。📢 11-1-04

> 🎧**听力要点** 阅读给出的题目信息，仿照例题，有针对性地记录录音中的关键信息。

例　女の人が＿＿電気製品を安く買いたい＿＿と言っています。＿＿秋葉原がいい＿＿と男の人
　　は勧めました。

1. BOOK太郎というお店では、＿＿＿＿＿＿＿や＿＿＿＿＿＿＿などの古い本が安く買え

ます。また、自分の＿＿＿＿＿＿本と＿＿＿＿＿＿本を買ってくれます。

2. このアルバイトは＿＿＿＿＿＿で＿＿＿＿＿＿や＿＿＿＿＿＿などの楽器を
演奏する仕事です。でも、女の人は＿＿＿＿＿＿が弾けますが、＿＿＿＿＿＿が
できません。

五、結婚についてのインタビューです。それぞれどう思っていますか。会話を聞いて、例のように書いてください。 MP3 11-1-05

> 🎧 **听力要点** 阅读给出的题目信息，仿照例题，有针对性地归纳录音中的关键信息。

例 結婚年齢について、男の人は＿35歳までに結婚したい＿と言っています。

1. 結婚相手について、女の人は＿＿＿＿＿＿＿＿＿＿＿＿＿＿＿と言っています。
2. 結婚意欲について、男の人は＿＿＿＿＿＿＿＿＿＿＿＿＿＿＿と言っています。

単語と表現-1

保険⓪	保险	ロマンチック④	浪漫
小包②	包裹	注文⓪	点菜，下单
東大寺	东大寺	要らない	不需要
正倉院	正仓院	広告⓪	广告
名所③⓪	古迹	演奏⓪	演奏
嵐山	岚山	結婚観	婚姻观
勧め⓪	劝告；推荐	調査①	调查
夜桜②	夜晚的樱花	協力⓪	合作；支持
ライトアップ④	泛光照明	思いやり⓪	爱心，体贴

応用編

聞いて書き入れましょう

六、録音を聞いて、次の文を完成してください。 MP3 11-1-06

听力要点 注意图片和表格中给出的信息，提取录音中的关键信息后，完成下面的内容。

ちょっと不安…

救急車・火事	1. _____
盗難	2. _____
番号案内	104番
時間案内・天気予報	3. _____

七、録音を聞いて、_____に適当な言葉を書き入れてください。録音は3回繰り返します。 MP3 11-1-07

听力要点 听写原文，注意日语的正确书写方式。

　　皆さんは日本を旅行したことがありますか。日本は細長い島国で、一年中、①_____
_____に来ても楽しめます。桜を見るなら春ですが、紅葉を見るなら秋がいいですよ。②
_____を見るなら、関西の京都や奈良を回ったらいいと思います。京都には、清
水寺、金閣寺、銀閣寺などの有名な③_____がたくさんあります。奈良の東大寺は
大仏が有名で、毎年多くの観光客が訪れています。買い物や④_____で楽しみた
いなら、東京がお勧めです。浅草寺やスカイツリーなどの⑤_____は全部東京に
あります。他には、温泉やお祭りなど、いろいろな⑥_____がありますが、もし日
本に来たら、ぜひ楽しんでください。

シャドーイングしてみましょう

八、録音を聞きながらシャドーイングしてみましょう。MP3 11-1-08

🔊 **听力要点** 注意语速、语音、语调。反复跟读录音，直至熟练。

1. 女1：ちょっと寒いですね。
   女2：寒いなら、暖房を入れましょうか。
2. 女：上海へ旅行に行くんですが、いいホテルを知っていますか。
   男：そうですね。上海のホテルなら、南京路の和平飯店がいいと思いますよ。
3. 女：デジタルカメラを買いたいんですが、どこかで安く買えますか。
   男：そうですね。ディスカウントショップなら、安く買えますよ。
4. 男：旅行なら海のきれいなところへ行きたいですね。
   女：海のきれいなところなら、日本でやっぱり沖縄がいいですね。
5. 女：今度の土曜日、映画を見に行きませんか。
   男：土曜日ですか。土曜日はちょっと…。日曜日ならいけるんですが…。

話してみましょう

九、初めての中国観光なら、どこがお勧めですか。また、勧める理由は何でしょうか。クラスメートと日本語で話し合ってみてください。MP3 11-1-09

単語と表現-2

お祭り⓪	祭典，节日，庙会

 窓を開けたら、富士山が見えました

聞く前に

まず自分で確認しましょう。録音を聞いて質問に答えてみてください。 MP3 11-2-00

1. あなたの周(まわ)りにこんな人(ひと)がいたら、あなたは何(なん)とアドバイスしますか。日本語(にほんご)で話(はな)してみましょう。（如果你周围有这样的人，你会对他提出哪些建议呢？用日语来说一说吧！）
   - もうすぐ試験(しけん)なのに、全然(ぜんぜん)、勉強(べんきょう)しない友達(ともだち)
   - バスの中(なか)で、大(おお)きな声(こえ)で、電話(でんわ)をする人(ひと)

2. 田中(たなか)さんは健康的(けんこうてき)な生活(せいかつ)をするために、次(つぎ)のことをいつも心(こころ)がけていますが、あなたはどう思(おも)いますか。その他(ほか)に、どんなことをしたらいいと思(おも)いますか。（田中为了能健康地生活，坚持做下面这些事情，你认为如何？除此之外，你认为还应该要注意些什么呢？）

   スポーツジムに通(かよ)う　　　　　　毎日(まいにち)30分(ぷん)以上(いじょう)早足(はやあし)で歩(ある)く
   栄養(えいよう)のバランスを考(かんが)えて食事(しょくじ)を取(と)る　　甘(あま)いものを食(た)べない

基礎編

聞いて選びましょう

一、録音を聞いて、その内容と合っている絵の下にA～Fの番号を書いてください。 MP3 11-2-01

> **听力要点**　快速观察图片，同时思考与图片信息相关的日语表达方式，如该物品的作用、名称等。重点听：用「～なら」表述的前提条件部分。

1. _____　2. _____　3. _____

 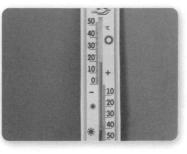 

4. _____　　5. _____　　6. _____

二、会話を聞いて、その内容と合っている絵を選んでください。 MP3 11-2-02

听力要点 先读取图片信息，仔细观察A、B两幅图的区别，并思考与图片信息相关的词汇，然后有针对性地听录音。重点听：图片所示信息的不同之处。

1.

A

B

(　　　)

2.

A

B

(　　　)

3.

A   B

(   )

4.

A   B

(   )

三、会話を聞いて、その内容と合っているものを選んでください。 MP3 11-2-03

> 🔊 **听力要点**　先阅读选项，找出两者间的区别，并思考与其相关的日语表达方式，然后有
> 针对性地听录音。重点听：会话中表示假设或条件的内容。

1. Ａ：女の人は試合の応援に行く。
   Ｂ：女の人は試合の応援に行かない。 　　　　　　　　　　　　　　　　（　　　）
2. Ａ：男の人は、安いから買おうと考えている。
   Ｂ：男の人は、安ければ買おうと考えている。 　　　　　　　　　　　　（　　　）
3. Ａ：このセーターは良子さんが洗ったので、縮んだ。
   Ｂ：このセーターは洗ったら縮むので、良子さんは洗わなかった。 　　　（　　　）

> ## 聞いて書き入れましょう

四、次は町の皆さんにインタビューした「最近うれしかったこと」の内容です。録音を聞
   いて、例のように書いてください。 MP3 11-2-04

> 🔊 **听力要点**　阅读给出的题目信息，仿照例题，有针对性地记录录音中的关键信息。

例 バスに乗ったら、久しぶりに＿＿高校時代のクラスメートに会った＿＿ことが大変うれしかったです。

1. 泊まった旅館は部屋に入って窓を開けたら、＿＿＿＿＿＿＿＿＿＿＿＿＿＿。
   ＿＿＿＿＿＿＿＿＿＿＿＿＿＿＿ことがうれしかったです。

2. 一か月走ると、＿＿＿＿＿＿＿＿＿＿＿＿＿＿。
   昔の着られなかった服がまた＿＿＿＿＿＿＿＿＿＿＿＿＿＿ことがうれしかったです。

五、会話を聞いて、例のように書いてください。 MP3 11-2-05

听力要点 阅读给出的题目信息，仿照例题，有针对性地归纳录音中的关键信息。

例 男の人は藤田という人に会ったことはありませんが、＿＿電話で話した＿＿ことがあります。

女の人は先週、＿＿新商品の展示会＿＿で初めて藤田さんと会いましたが、とても＿＿親切な方だった＿＿と言っています。

1. 林さんは電車に乗ると、必ず＿＿＿＿＿＿＿＿＿＿＿のです。
   今日も電車の中に＿＿＿＿＿＿＿＿のかばんを忘れてきました。
   これは、今月の＿＿＿＿＿＿＿＿目の忘れ物です。

2. 「リサ」ちゃんは＿＿＿＿＿＿＿＿かわいいワンちゃんです。
   テレビを見るのが大好きで、好きな番組の時間になると、いつも＿＿＿＿＿＿＿＿＿＿
   で、静かに待ちます。
   番組が終わったら、すぐ＿＿＿＿＿＿＿＿＿＿＿のです。

単語と表現-1

温度①	温度	坂②	坡路
はかる②	測量；称重	開店セール	开店酬宾
乗り降り②	上下车	ワールドカップ⑤	世界杯
乗車券③	车票	縮む⓪	缩水
都営⓪	东京都经营	クリーニング②④	洗衣店
健康診断⑤	体检	再会⓪	再会
骨②	骨头	喜ぶ③	高兴
カルシウム③	钙	展示会③	展销会
まぶしい③	耀眼，刺眼	部活⓪	社团活动
日焼け止め⓪	防晒	番組⓪	电视节目
クリーム②	膏，霜		

応用編

聞いて書き入れましょう

六、録音を聞いて、絵の内容を完成してください。 MP3 11-2-06

> 听力要点 注意图片中给出的信息，提取录音中的关键信息后，完成下面的内容。

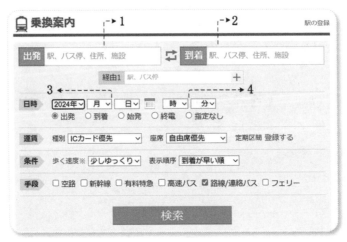

1. _____

2. _____

3. ＿＿月＿＿日に指定します。

4. ＿＿時＿＿分に指定します。

七、録音を聞いて、＿＿＿＿＿に適当な言葉を書き入れてください。録音は3回繰り返します。 MP3 11-2-07

> 听力要点 听写原文，注意日语的正确书写方式。

　　子どもにもっと励ましの言葉をかけたらどうでしょうか。子どもの成長を応援するには積極的なメッセージが大切です。もちろん「早く起きないと①＿＿＿＿＿＿よ」とか、「歯は3分間しっかりと磨かないと②＿＿＿＿＿＿よ」とか、「そんなに近くでテレビを見ると、目が悪くなるよ」のような注意も必要ですが、「もうちょっと練習すれば、きっと上手になるよ」とか、「もっと③＿＿＿＿＿＿体が大きくなるよ」とか、「④＿＿＿＿＿＿、夢が叶うよ」のような励ましの言葉のほうが子どもたちのモチベーションを高めたりすることができます。⑤＿＿＿＿＿＿で子どもたちの成長を応援しましょう。

シャドーイングしてみましょう

八、録音を聞きながらシャドーイングしてみましょう。 (MP3 11-2-08

> **听力要点** 注意语速、语音、语调。反复跟读录音，直至熟练。

1. 男：あのう、すみません。音をもっと大きくしたいんですが、どうすればいいですか。
   女：ああ、それなら、一番大きいボタンを右に回せばいいんですよ。
2. 男：あのう、漢字がなかなか覚えられなくて困っているんですが…。
   女：そうですねぇ、毎日、練習すれば、だんだんできるようになりますよ。
3. 男：すみません。ここでタバコを吸ってもいいですか。
   女：いえ、ここは禁煙ですから、タバコを吸うなら、あそこの喫煙所でお願いします。
4. 男：レポートを書きたいんですが、どうしたらいいですか。
   女：インターネットで資料を調べるといいですよ。
5. 男：もっと日本語が上手に話せるようになりたいです。どうしたらいいですか。
   女：毎日たくさん練習するといいですよ。

話してみましょう

九、中国には万里の長城や兵馬俑博物館など、人気の世界遺産の観光スポットがたくさんあります。インターネットで調べて日本語でその紹介をしてみてください。 (MP3 11-2-09

> **単語と表現-2**
>
> | | | | |
> |---|---|---|---|
> | 検索⓪ | 検索，搜索 | クリック② | 点击 |
> | 日付⓪ | 日期 | チェックを入れる | 打勾 |
> | 時刻① | 时间合适，时机合适 | 励まし⓪ | 鼓励 |
> | 指定⓪ | 指定 | 成長⓪ | 成长 |

第 **12** 課

体験（受身）

目标

① 能听懂用被动句表述的个人经历和客观评价

② 掌握被动句的表达方式

③ 掌握听被动句表达的个人经历和客观评价的技巧

活动1

【12-1】先生に叱られました

◆ 听懂个人不愉快经历的表述

◆ 听懂个人不愉快体验的表述

活动2

【12-2】黒いかばんが発見されました

◆ 表述客观事件

◆ 表述客观评价

12-1 先生に叱られました

聞く前に

まず自分で確認しましょう。録音を聞いて質問に答えてみてください。 MP3 12-1-00

1. 次の文を読んで、AとBの文の意味がどう違うかを考えて話してみましょう。（读一读下列句子，体会一下A、B两个句子意思的差异吧！）

① A：作ったサンドイッチを友達に食べてもらいました。
B：作ったサンドイッチを友達に食べられました。

② A：昨日、友達が来て、みんなでパーティーをしました。
B：昨日、友達に来られて、パーティーに行けませんでした。

2. あなたは次のことを経験したことがありますか。その他に、何か忘れられない困ったことがありますか。日本語で話してみましょう。（你经历过下列事情吗？除此之外，你还曾有过哪些难忘的窘事？用日语说一说吧！）

財布を盗まれたこと 　　足を踏まれたこと 　　日記を母に読まれたこと
褒められたこと 　　　　叱られたこと 　　　　あだ名を付けられたこと

基礎編

▶ 聞いて選びましょう

一、録音を聞いて、その内容と合っている絵の下にA～Fの番号を書いてください。 MP3 12-1-01

> 🔊 **听力要点** 快速观察图片，同时思考与图片信息相关的日语表达方式，如动作、表情等内容。重点听：「～（ら）れる」前面的内容。

1. _____ 　2. _____ 　3. _____

4. _____ 5. _____ 6. _____

二、会話を聞いて、その内容と合っている絵を選んでください。 🎧 12-1-02

> **听力要点** 先读取图片信息，仔细观察A、B两幅图的区别，并思考与图片信息相关的词汇，然后有针对性地听录音。重点听：与动作及遭遇相关的内容。

1.

A   B

(   )

2.

A   B

(   )

3.

A

B

（　　　）

4.

A

B

（　　　）

三、会話を聞いて、その内容と合っているものを選んでください。 ◎MP3 12-1-03

> 🎧 **听力要点** 先阅读选项，找出两者间的区别，并思考与其相关的日语表达方式，然后有针对性地听录音。重点听：发出动作的主体与受损、受害的主体。

1. Ａ：家でパーティーをした。
   Ｂ：家で寝ていた。 （　　　）
2. Ａ：弟さんがパソコンゲームをしたから。
   Ｂ：弟さんがパソコンにジュースをこぼしたから。 （　　　）
3. Ａ：夜遅くまで勉強したから。
   Ｂ：お友達が夜遅くまで来ていたから。 （　　　）

> **聞いて書き入れましょう**

四、会話を聞いて、例のように書いてください。 ◎MP3 12-1-04

> 🎧 **听力要点** 阅读给出的题目信息，仿照例题，有针对性地记录录音中的关键信息。

例　男の人は先生に＿＿呼ばれて＿＿、＿＿大学院＿＿に推薦されました。

1. 武くんが授業中、＿＿＿＿＿＿＿＿＿ので、お母さんが先生に学校に呼ばれて、＿＿＿＿＿
＿＿＿や＿＿＿＿＿＿＿などいろいろ聞かれました。

2. 幸子さんは彼氏にプロポーズされましたが、「＿＿＿＿＿＿＿＿＿＿＿＿＿＿＿＿＿＿＿＿＿」
と言われたので、どうしたらいいか迷っています。

**五、次は、困ったことについての体験談です。それぞれどんなことに遭ったんですか。録音
を聞いて、例のように書いてください。** MP3 12-1-05

> 🔊 **听力要点** 阅读给出的题目信息，仿照例题，有针对性地归纳录音中的关键信息。

例　これは女の人の外国旅行の話です。
女の人は外国での旅行中に＿＿かばん＿＿を取られました。中には、＿＿パスポート＿＿と
＿＿財布＿＿が入っていました。

1. これは男の人の二十歳の誕生日の話です。
男の人は二十歳の誕生日に、雨に＿＿＿＿＿＿＿＿＿たり、風に＿＿＿＿＿＿＿＿たりして、ひど
い＿＿＿＿＿＿＿＿になってしまいました。また、恋人に「＿＿＿＿＿＿＿＿＿＿＿＿＿＿」と
言われて、＿＿＿＿＿＿＿＿＿＿＿＿＿。二十歳の誕生日は最悪の日だったと言っていま
す。

2. これは鈴木太郎君のついていない（倒霉的）一日の話です。
太郎君は学校へ行く時、＿＿＿＿＿＿＿＿＿＿＿＿＿のので、おばあさんに怒られました。
学校に着いたら、＿＿＿＿＿＿＿＿＿＿＿＿＿＿＿＿＿のので、先生に叱られました。授
業中に＿＿＿＿＿＿＿＿＿＿＿＿＿＿＿＿のので、みんなに笑われました。学校の帰り
に、＿＿＿＿＿＿＿＿＿＿＿＿のので、お母さんに叱られました。

単語と表現-1

びしょぬれになる	淋成落汤鸡		近所①	邻居
注意①	提醒		ラッシュアワー④	交通高峰
駐車違反	违章停车		残念③	遗憾
褒める②	表扬		こぼす②	弄撒
穏やか②	平和		推薦⓪	推荐
見舞い⓪	探望（病人）		プロポーズ③	求婚
骨を折る	骨折		振る⓪	摇，挥，甩
修理①	修理		最悪⓪	最糟糕
眠い⓪	困		割る⓪	打碎

応用編

> **聞いて書き入れましょう**

六、録音を聞いて、絵の内容を完成してください。 MP3 12-1-06

> 🔊 **听力要点**　注意图片中给出的信息，提取录音中的关键信息后，完成下面的内容。

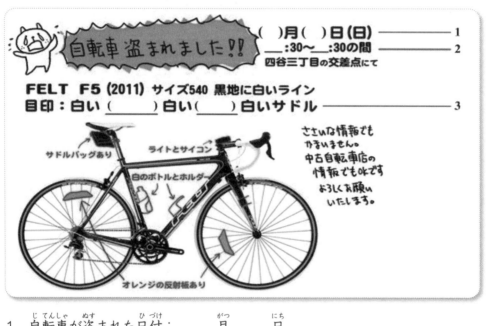

1. 自転車が盗まれた日付：＿＿＿＿月＿＿＿＿日
2. 自転車が盗まれた時間帯：＿＿＿＿時30分～＿＿＿＿時30分の 間
3. 目印：白い＿＿＿＿、白い＿＿＿＿、白いサドル
4. 書き忘れたこと：＿＿＿＿＿＿＿＿＿＿＿

七、録音を聞いて、＿＿＿＿＿に適当な言葉を書き入れてください。録音は3回繰り返します。 MP3 12-1-07

> 🔊 **听力要点**　听写原文，注意日语的正确书写方式。

　　鈴木さんは最近、① ＿＿＿＿＿＿＿＿を探していました。今のアパートは家賃も高くないし、近くにスーパーや郵便局があって、便利です。しかし、少し困ったことが起きました。隣に大家族が② ＿＿＿＿＿＿＿＿のです。夜になっても騒いでいて、よく勉強できません。また、小さい赤ちゃんがいて、よく夜中に③ ＿＿＿＿＿＿＿＿、あまり眠れないのです。大家さんに話してみましたが、「お子さんが多いから、仕方がない」と④ ＿＿＿＿＿＿＿＿。

そこで、今と同じ家賃のアパートを探しましたが、駅から遠くて、歩いて⑤＿＿＿＿＿＿。
バスもあることはあるのですが、1時間に1、2本しか通りません。お金もないので、引っ
越しはもう少し⑥＿＿＿＿＿＿ことにしました。

シャドーイングしてみましょう

八、録音を聞きながらシャドーイングしてみましょう。 🎵 MP3 12-1-08

> 🔊 **听力要点**　注意语速、语音、语调。反复跟读录音，直至熟练。

1. 女1：あのう、すみません。ホテルの予約をしたいんですが。
   女2：はい、いつのご予約ですか。
   女1：8月8日から10日までです。

2. 女：あのう、夏休みに富士山に登りたいんですが、どうやって行けばいいでしょう。
   男：そうですね。都心からなら、新宿からバスで行くのが一番いいと思いますよ。

3. 女：太郎さんは、小さい時、お母さんに叱られたことがありますか。
   男：ええ、もちろんありますよ。宿題もしないでゲームをやっていたので、よく怒ら
   れましたよ。

4. 女：中村さん、嬉しそうな顔をして、何があったんですか。
   男：今、先生に呼ばれたんです。そして、大学院に推薦されたんですよ。

5. 男：王さんはどうしていつも犬を見たらすぐ逃げるんですか。
   女：実は、子どもの頃、犬に手を噛まれたことがあるんです。

話してみましょう

**九、あなたは今まで、何か困ったことがありましたか。友達同士で話し合ってみてくださ
い。** 🎵 MP3 12-1-09

単語と表現-2

盗む②	偸盗	部品⓪	零件
目印②	标志	我慢①	忍受
タイヤ①⓪	轮胎		

 黒いかばんが発見されました

聞く前に

まず自分で確認しましょう。録音を聞いて質問に答えてみてください。 MP3 12-2-00

1. 中国の四大発明は世界に大きな影響を与えています。次の四大発明はいつ、どのように発明されたのかを知っていますか。また、中国には、四大発明のほかに、素晴らしい発見、技術、文化などがたくさんあります。情報を調べて日本語で話してみましょう。（中国的四大发明对世界有很大的影响。你知道四大发明是什么时候、由谁发明出来的吗？在中国，除了四大发明，还有很多优秀的发现、技术、文化，查一查资料，用日语说一说吧！）

　　製紙　　印刷　　火薬　　羅針盤

2. 次の食べ物はどんな材料で作られているかを知っていますか。日本語で話してみましょう。

　　（你知道下列食品是用什么原料做出来的吗？用日语说一说吧！）

　　豆腐　　醬油　　パン　　味噌　　ワイン　　焼酎　　ビール

基礎編

聞いて選びましょう

一、録音を聞いて、その内容と合っている絵の下にA～Fの番号を書いてください。 MP3 12-2-01

> 听力要点　快速观察图片，同时思考与图片信息相关的日语表达方式，如原料、功能等。重点听：用被动句表述的内容。

1. _____　　2. _____　　3. _____

4. _____　5. _____　6. _____

二、会話を聞いて、その内容と合っている絵を選んでください。 MP3 12-2-02

> 🎧 **听力要点**　先读取图片信息，仔细观察A、B两幅图的区别，并思考与图片信息相关的词
> 汇，然后有针对性地听录音。重点听：用被动句表述的与功能相关的内容。

1.

A

B

(　　　)

2.

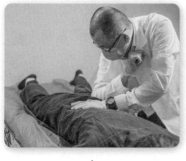

A

B

(　　　)

3.

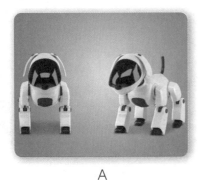

A

B

（　　　）

4.

A

B

（　　　）

三、会話を聞いて、その内容と合っているものを選んでください。 MP3 12-2-03

> **听力要点**　先阅读选项，找出两者间的区别，并思考与其相关的日语表达方式，然后有针对性地听录音。重点听：发起动作的主体及受损、受害的对象。

1. A：夜中まで何度も電話をしたから。
   B：夜中まで何度も電話がかかってきたから。　　（　　　）
2. A：男の人が会社を辞めたから。
   B：同僚が会社を辞めたから。　　（　　　）
3. A：犬に吠えられたから。
   B：犬に噛まれたから。　　（　　　）

聞いて書き入れましょう

四、会話を聞いて、例のように書いてください。 MP3 12-2-04

> **听力要点**　阅读给出的题目信息，仿照例题，有针对性地记录录音中的关键信息。

例　男の人は、＿＿息子＿＿に＿車の鍵＿を＿なくされた＿ので、今日は地下鉄で会社に来ました。

1. 男の人は＿＿＿＿＿に＿＿＿＿＿を持っていかれたようです。そのため、夕べは試験勉強がぜんぜんできなかったと言っています。

2. 王さんは＿＿＿＿＿に＿＿＿＿＿を壊されたので、今日はコンタクトレンズをしています。

五、会話を聞いて、例のように書いてください。 MP3 12-2-05

🔊 **听力要点** 阅读给出的题目信息，仿照例题，有针对性地归纳录音中的关键信息。重点听：有关时间、重量等的内容。

例 二人はドキュメンタリーの『＿シルクロード＿』シリーズの話をしています。このシリーズの最初の番組は、中国と日本が共同で＿制作された＿もので、大ヒットでした。女の人が今見ているのはその続編の『＿新シルクロード＿』です。二人は今回の旅行先を＿西安＿に決めました。

1. 世界初の携帯電話は＿＿＿＿＿年＿＿＿＿＿によって発明されました。重さは＿＿＿キロ以上です。

2. 「清明上河図」は北宋時代に中国の画家によって描かれた＿＿＿＿＿です。幅は24.8センチで、長さは＿＿＿＿＿センチあります。この絵巻には、北宋の＿＿＿＿と＿＿＿＿の風景が描かれているそうです。

単語と表現-1

愛する③	喜爱	訳す②	翻译
麦①	麦子	起こす②	叫醒
泥棒⓪	小偷	同僚⓪	同事
大豆⓪①	大豆	吠える②	（狗）吠
発明する⓪	发明	壊す②	弄坏
漢方①	中医	コンタクトレンズ⑥	隐形眼镜
鍼灸⓪	针灸	ドキュメンタリー③	纪录片
痛みを和らげる	缓解疼痛	シルクロード④	丝绸之路
肩こり②	肩酸	人物①	人物
ロボット①②	机器人	絵巻①	画轴
貴族①	贵族	幅⓪	宽度
現代語⓪	现代语		

応用編

聞いて書き入れましょう

六、録音を聞いて、次の表を完成してください。 MP3 12-2-06

听力要点　注意表格中给出的信息，提取录音中的关键信息后，完成下面的内容。

発見された時間	1. 午後＿＿＿＿時
発見されたもの	2. 現金＿＿＿＿の入った＿＿＿＿。
発見された場所	3. ＿＿＿＿県の＿＿＿＿
発見者	4. ＿＿＿＿＿のトーマスさん
発見されたものの特徴	5. 色：＿＿＿＿ 6. 持ち主の名前：＿＿＿＿＿＿＿＿＿＿

七、録音を聞いて、＿＿＿＿に適当な言葉を書き入れてください。録音は3回繰り返します。 MP3 12-2-07

听力要点　听写原文，注意日语的正确书写方式。

　　ノーベル賞とは、人類に最大の貢献をもたらした人々に贈られる賞のことです。スウェーデンの発明家であるアルフレッド・ノーベルの遺言をもとに①＿＿＿＿＿＿＿。ノーベル賞の種類は「②＿＿＿＿＿＿」「化学」「生理学・医学」「文学」「③＿＿＿＿」「経済学」です。ノーベル物理学賞、ノーベル化学賞とノーベル生理学・医学賞は、それぞれの分野で偉大な④＿＿＿＿＿＿＿＿に与えられます。ノーベル文学賞は、文学の分野において最も良い作品を⑤＿＿＿＿＿＿＿＿に与えられる賞です。ノーベル平和賞は、平和活動に貢献した人や国と国との⑥＿＿＿＿＿＿を推進した人に与えられます。ノーベル経済学賞は、家計や企業の経済の仕組みや国の経済活動などの研究に貢献した人が対象です。

シャドーイングしてみましょう

八、録音を聞きながらシャドーイングしてみましょう。 MP3 12-2-08

听力要点　注意语速、语音、语调。反复跟读录音，直至熟练。

1. 男：田中さん、どうしましたか。うれしそうな顔をしていますね。

   女：ええ、友達にパーティーに誘われたんです。

   男：へえ、パーティーですか。楽しそうですね。

2. 女：小村さん、花火大会に行ったそうですね。どうでしたか。

   男：ええ、楽しかったですよ。でも、町の中はどこも人でいっぱいでした。後ろの人に押されたり、隣の人に足を踏まれたりしました。

   女：それは大変でしたね。

   男：ええ、家へ帰ったら、もうくたくたでした。

3. 男：眠そうですね。

   女：ええ、夜中に子どもに何度も起こされて、よく眠れなかったのよ。

   男：それは大変でしたね。

4. 男：何かあったんですか。

   女：泥棒に財布を盗まれてしまいました。

   男：それはお気の毒ですね。

5. 男：どうしたんですか。

   女：食事中に、隣の人にタバコを吸われて、困りました。

話してみましょう

九、2015年10月5日に、中国の薬学者である屠呦呦さんがノーベル生理学・医学賞を受賞したことが発表されました。中国国内で研究活動を行う中国人研究者が自然科学分野のノーベル賞を受賞するのは初めてのことです。屠呦呦さんが受賞した理由を調べて日本語で話してみましょう。 MP3 12-2-09

単語と表現-2

ノーベル賞④	诺贝尔奖	平和⓪	和平
貢献⓪	贡献	与える⓪	给予
発明家⓪	发明家	家計⓪	家庭财务
創設⓪	创设	友好関係	友好关系
物理学③	物理学	分野①	领域

第13課

指示・順序（使役）

目标

① 能听懂使役句中的指示或要求

② 掌握使役句的表达方式

③ 掌握听指令、顺序的技巧

13-1 先生は子どもたちに折り紙をさせます

聞く前に

まず自分で確認しましょう。録音を聞いて質問に答えてみてください。 ⓂⓅ3 13-1-00

1. 先生や親は子どもに無理なことをさせますか。次の表現を使って使役文を作って話してみましょう。（老师或者父母会要求孩子做哪些不情愿做的事情？请用下面的词组造使役句并说说看吧！）

　　教室の掃除をする　　服を洗う　　みんなの前であいさつする　　家事を手伝う

2. 先生や親は子どもにやりたいことをやらせていますか。次の表現を使って使役文を作って話してみましょう。（老师或者父母会允许孩子做自己喜欢做的事情吗？请用下面的词组造使役句并说说看吧！）

　　歌を歌う　　おもちゃを買う　　公園で遊ぶ

　　好きなお菓子を食べる　　マンガを読む　　ゲームをする

基礎編

▶ 聞いて選びましょう

一、録音を聞いて、その内容と合っているものに○を、違うものに×をつけてください。

ⓂⓅ3 13-1-01

> 🔊 **听力要点** 快速观察图片，同时思考与图片信息相关的日语表达方式。重点听：用使役句「～せる／させる」表示强迫或允许某人做某事时所发出的指示或指令。

1. _____　　2. _____　　3. _____

4. _____ 　5. _____ 　6. _____

二、会話を聞いて、その内容と合っている絵を選んでください。 ⏺MP3 13-1-02

> 🔊 **听力要点** 先读取图片信息，仔细观察A、B两幅图的区别，并思考与图片信息相关的词汇，然后有针对性地听录音。重点听：用使役句「～せる／させる」表示强迫或允许某人做某事。

1.

A

B

（　　　）

2.

A

B

（　　　）

3.

A　　　　　　　　　　　B

(　　　)

4.

予備校　大学受験

A

子ども英語教室

B

(　　　)

三、会話を聞いて、その内容と合っているものを選んでください。 MP3 13-1-03

> 🎧 **听力要点**　先阅读选项，找到两者间的区别，并思考与其相关的日语表达方式，然后有
> 针对性地听录音。重点听：对他人发出的指示、命令和斥责中使用的使役表达方式。

1. A：食事で体力をつけさせる。
   B：訓練の前に走らせる。　　　　　　　　(　　　)
2. A：変な顔をしてみんなを笑わせる。
   B：真面目な顔をしてみんなを笑わせる。　(　　　)
3. A：あいさつを覚えさせる。
   B：社員全員の名前を覚えさせる。　　　　(　　　)

聞いて書き入れましょう

四、親が子どもにいろいろな習い事をさせる理由について話しています。会話を聞いて、例のように書いてください。 MP3 13-1-04

> 听力要点 阅读给出的题目信息，仿照例题，有针对性地记录录音中的关键信息。重点听：家长让孩子做某些事情的理由。

例 ＿＿丈夫な体作り＿＿という理由で、子どもに＿＿サッカー＿＿をさせます。

1. ＿＿＿＿＿＿＿＿という理由で、子どもに＿＿＿＿＿＿＿を通わせます。

2. ＿＿＿＿＿＿＿＿という理由で、子どもに＿＿＿＿＿＿＿を始めさせます。

五、電話による子どもの悩み相談についての内容です。会話を聞いて、例のように専門家の意見を書いてください。 MP3 13-1-05

> 听力要点 阅读给出的题目信息，仿照例题，有针对性地归纳录音中的关键信息。重点听：会话中涉及的指示、忠告的具体内容。

例 子どもにミルクを飲ませることについて：＿子どもに嫌なもの＿を飲ませないほうがいいです。＿カルシウムがたくさん含まれているもの＿を食べさせたほうがいいです。

1. 大学進学について：＿＿＿＿＿＿＿＿＿＿＿へ行かせたほうがいいです。

2. 子どもの発達の問題について：＿＿＿＿＿＿＿＿＿＿と遊ばせたほうがいいです。

単語と表現-1

給食⓪	学校提供的饮食	損①	吃亏
ユニフォーム①③	运动队服，运动服	才能⓪	才能
洗濯⓪	洗衣服	試す②	尝试，试验
折り紙②	折纸	伸ばす②	发挥；伸展
寝かせる⓪	让……睡觉	務め③	使命，工作
レース①	蕾丝花边	体験レッスン	体验课
予備校⓪	预备校	伸びる②	个子长高
信じる③	相信	吐く①	吐，呕吐
いたずら⓪	淘气	含む②	包含
ビジネスマナー⑤	商务礼仪	進む⓪	升学；进展
呼びかける④	呼吁；打招呼	発達⓪	发育
笑顔①	笑颜	時期①	时期
体作り	强身健体	環境⓪	环境

応用編

聞いて書き入れましょう

六、録音を聞いて、次の文を完成してください。MP3 13-1-06

听力要点 注意图片中给出的信息，提取录音中的关键信息后，完成下面的内容。

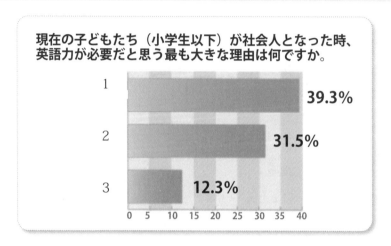

現在の子どもたち（小学生以下）が社会人となった時、英語力が必要だと思う最も大きな理由は何ですか。

1　　39.3%
2　　31.5%
3　　12.3%

0　5　10　15　20　25　30　35　40

1. ＿＿＿＿＿＿＿＿＿＿＿ためと答えた人は39.3%で一番多いです。

2. ＿＿＿＿＿＿＿＿＿＿＿ためと答えた人は31.5%でした。

3. ＿＿＿＿＿＿＿＿＿＿＿ためと答えた人は12.3%でした。

七、録音を聞いて、＿＿＿＿＿に適当な言葉を書き入れてください。録音は3回繰り返します。MP3 13-1-07

听力要点 听写原文，注意日语的正确书写方式。

　　子どもの教育は親にとって大きな①＿＿＿＿＿＿となります。日本は②＿＿＿＿＿で、子どもをよい学校に行かせるために、小さい時からいろいろ③＿＿＿＿＿、塾へ④＿＿＿＿＿＿親が多いです。そのほかに、ピアノや習字を⑤＿＿＿＿＿するので、子どもの遊ぶ時間が少なくなってしまいます。でも、私は、子どもをもっと楽しく友達と⑥＿＿＿＿＿、好きなことをさせたりする必要があると思います。

シャドーイングしてみましょう

八、録音を聞きながらシャドーイングしてみましょう。 ⓂⓅ313-1-08

> 🔊 **听力要点** 注意语速、语音、语调。反复跟读录音，直至熟练。

1. 女：山田さんは野球選手だから、子どもたちに野球をさせましたね。

   男：そうなんですよ。息子たちに体力をつけさせるために、走らせたり、プールで泳がせたりしました。

2. 男：今月いっぱいで、閉店させていただきます。これまでの皆様からのご支援、心より感謝申し上げます。

   女：えっ？残念ね。けっこう気に入っていたのに。

3. 男：僕は、初めての大学受験に失敗して、両親をがっかりさせてしまったことがあるんです。

   女：でも、今は名門大学に入って、なかなか優秀じゃない。

4. 男：山田さん、いつもお世話になってるから、今日はご馳走させてよ。

   女：え、いいの？じゃ、お言葉に甘えて。

5. 男：田中君に来月の社内研修を受けさせようと思うんだが、どうだろう？

   女：そうですね。彼をもう少し勉強させたほうがいいと思いますね。

話してみましょう

九、子どもの時、両親はあなたによく家事の手伝いをさせましたか。両親にさせられたことを話してみてください。 ⓂⓅ3 13-1-09

単語と表現-2

コミュニケーション④	交流，沟通	学歴社会⑤	学历社会
輪①	圏	習字⓪	习字，书法
必要性⓪	必要性	閉店⓪	关门
高まる③	高涨	支援⓪①	支援
課題⓪	课题	気に入る	喜欢，称心如意

13-2　紙パックは洗ってから乾燥させてください

聞く前に

まず自分で確認しましょう。録音を聞いて質問に答えてみてください。MP3 13-2-00

1. 日常生活の中であなたはどんなことを無理やりにさせられましたか。またどんなことに感動
させられたりしましたか。次の文を使役受身文に直して話してみましょう。（你在日常生活中
曾迫不得已做了什么事情？或者因为什么事情发自内心地感动？请把下面句子改成使役被动句并说说看吧！）
嫌いな野菜を無理に食べる　　塾へ行って英語を習う　　上海の夜景を見て驚く

2. 日常的に使う家電の操作は日本語で言えますか。次の言葉を予習しましょう。（你能用日语
说一说日常使用的家电操作吗？预习一下下列语句吧！）
電池を入れる　　リモコンで操作する　　ボタンを押す　　電源を切る

基礎編

聞いて選びましょう

一、録音を聞いて、その内容と合っている絵の下にA～Fの番号を書いてください。MP3 13-2-01

> 听力要点　快速观察图片，同时思考与图片信息相关的日语表达方式。重点听：用使役
> 被动句「～（さ）せられる／される」表示逼不得已而为的事或者发自内心的感情。

1. _____　2. _____　3. _____

4. _____   5. _____   6. _____

二、会話を聞いて、その内容と合っている絵を選んでください。 MP3 13-2-02

> 🔊 **听力要点**　先读取图片信息，仔细观察A、B两幅图的区别，并思考与图片信息相关的词
> 汇，然后有针对性地听录音。重点听：动作或行为发生的先后顺序。

1.

A　　　　　　　　　　B　　　　　　　　　　C

（　　　）

2.

A　　　　　　　　　　B　　　　　　　　　　C

（　　　）

3.

A

B

C

(　　　)

4.

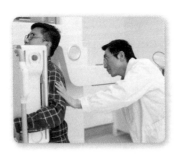

A

B

C

(　　　)

三、会話を聞いて、その内容と合っているものを選んでください。 📻 13-2-03

🔊 **听力要点**　先阅读选项，找出两者间的区别，并思考与其相关的日语表达方式，然后有针对性地听录音。重点听：事物发展的先后顺序。

1. A：説明会→面接→書類提出
   B：書類提出→説明会→面接　　　　　　　　　　(　　　)
2. A：ピザの配達→ラーメン屋→図書館
   B：図書館→ピザの配達→ラーメン屋　　　　　　(　　　)
3. A：曇り→晴れ→雨
   B：曇り→雨→晴れ　　　　　　　　　　　　　　(　　　)

聞いて書き入れましょう

四、会話を聞いて、例のように書いてください。 📻 13-2-04

🔊 **听力要点**　阅读给出的题目信息，仿照例题，有针对性地记录录音中的关键信息。重点听：与生活相关的一些简单的操作及其操作顺序。

例▶ 「171」は＿災害用＿電話です。＿録音＿は「1」を、＿再生＿は「2」を押します。

1. 「プリンター」を右クリックして「＿＿＿＿＿」「＿＿＿＿＿」を選びます。

2. 「運転切替」のボタンで「＿＿＿＿＿」を選んで、温度を＿＿＿＿＿度にします。「風量設定」を「＿＿＿＿＿」のモードにします。

五、録音を聞いて、例のように書いてください。 🎧 MP3 13-2-05

🎧 听力要点 阅读给出的题目信息，仿照例题，有针对性地归纳录音中的关键信息。重点听：动作、行为、事物发生的先后顺序。

例▶ まずみんなに＿メール＿をして、人数をはっきりさせます。それから＿ホテル＿を調べます。

1. 今すぐ、加藤先生の＿＿＿＿＿を出席します。明日の授業で＿＿＿＿＿を話します。

2. まず、子どもに＿＿＿＿＿に作らせます。それから、＿＿＿＿＿＿＿＿＿＿＿ことを学ばせます。さらに、＿＿＿＿＿＿＿＿＿＿＿ことを経験させたいです。

単語と表現-1

感心⓪	佩服，敬佩	ピザ①	比萨
開店⓪	开业，商店开门	配達⓪	送货，快递
いらいら①⓪	焦躁，着急	昼過ぎ④③	午后
おしぼり②	餐巾	災害⓪	灾害
食中毒③	食物中毒	音声ガイダンス	语音提示
防ぐ②	预防，防止	従う⓪③	按照，听从
ブラシ①	刷子	再生⓪	播放
拭く⓪	擦，擦拭	プリンター⓪②	打印机
機械②	机器，器械	接続⓪	连接
乾かす③	弄干	クリック②	点击
レントゲン⓪	胸片	リモコン⓪	遥控器
血液②	血液	スイッチ②①	开关
着替える③②	换衣服	運転切替	切换
採血⓪	采血	冷房⓪	空调冷风
内定⓪	内定	人数①	人数
書類⓪	材料	講演会③	讲演会
稼ぐ②	挣钱		

応用編

聞いて書き入れましょう

六、録音を聞いて、次の文を完成してください。 ⓂⒻ3 13-2-06

听力要点 注意图片中给出的信息，提取录音中的关键信息后，完成下面的内容。

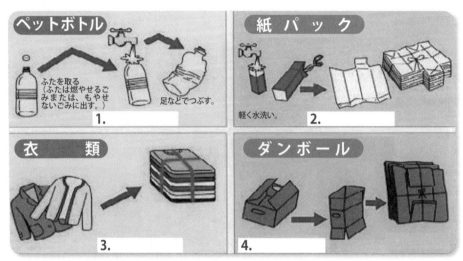

ペットボトル
ふたを取る
（ふたは燃やせるご
みまたは、もやせ
ないごみに出す。）
足などでつぶす。
1.

紙パック
軽く水洗い。
2.

衣　類
3.

ダンボール
4.

1. ペットボトル：蓋を取って洗ってから＿＿＿＿＿＿＿＿＿＿＿＿＿＿＿。
2. 紙パック：洗ってから＿＿＿＿＿＿＿＿＿＿＿＿＿＿＿＿＿＿。
3. 衣類：＿＿＿＿＿＿＿＿＿＿＿＿＿＿＿＿＿＿＿＿＿＿＿。
4. ダンボール：＿＿＿＿＿＿＿＿＿＿＿＿＿＿＿＿＿＿＿＿＿。

七、録音を聞いて、＿＿＿＿＿＿に適当な言葉を書き入れてください。録音は3回繰り返します。 ⓂⒻ3 13-2-07

听力要点 听写原文，注意日语的正确书写方式。

　　睡眠で悩んでいる方がいらっしゃると思いますが、寝る前に①＿＿＿＿＿＿＿＿＿＿を落ち着かせたい時など、この「478呼吸法」を②＿＿＿＿＿＿＿いかがでしょうか。つまり、「息を吸う」「息を止める」「息を吐く」という動作をそれぞれ4秒、7秒、8秒を数えてやる方法です。まず心の中で1から4まで数えて、静かに③＿＿＿＿＿＿＿＿＿。それから、そのまま7秒間、④＿＿＿＿＿＿＿＿＿。続いて、「ふぅ…」と音を立てながら、8秒かけて、ゆっくりと⑤＿＿＿＿＿＿＿＿。

シャドーイングしてみましょう

八、録音を聞きながらシャドーイングしてみましょう。 MP3 13-2-08

> **听力要点** 注意语速、语音、语调。反复跟读录音，直至熟练。

1. 女：山田さん、元気なさそうですね。どうしたんですか。
   男：九州へ転勤させられるかもしれません。
   女：えっ、九州ですか。東京からずいぶん遠いですね。
2. 女：昨日、息子にすきやきを作らせられたんですね。
   男：えっ、すきやきが好きじゃないの？
   女：いいえ、好きなんですけど、昨日はすごく疲れてて、料理をしたくなかったのに…。
3. 男：誕生日パーティーで、あんな服を着させられるとは、思わなかったよ。
   女：どんな服を着させられたの？
   男：スカートよ。まあ、僕は何でも似合うけどね。
4. 女：すみませんが、来週の金曜日、休ませていただきたいんですが。
   男：どうしたの？
   女：子どもの運動会があるんです。
5. 男：今日のこと、僕は悪かった。でも、君を困らせるつもりじゃなかったんだ。
   女：いえ、いえ、仕事だから全然平気。気にしないでください。

話してみましょう

九、日常的に使う電気製品の操作は日本語で言えますか。例えば、電子レンジやテレビのリモコンの使い方など。その操作の手順を意識しながら日本語でみんなと話し合ってください。 MP3 13-2-09

単語と表現-2

悩む②	烦恼	紐⓪	细绳
資源ごみ②	可重复利用的垃圾	縛る②	捆，绑
蓋⓪	盖子，瓶盖	睡眠⓪	睡眠
潰す⓪	弄碎	呼吸法	呼吸法
紙パック	（装牛奶、果汁的）纸盒	息①	呼吸，喘气
		音を立てる	发出声音
乾燥⓪	干燥	転勤⓪	工作调动
衣類①	衣服		

第14課

敬意表現

目标

① 能听懂敬语表达中传递的信息

② 掌握敬语的各种表达方式

③ 掌握听敬意表达的技巧

14-1　送別会の件でご連絡いたします

聞く前に

まず自分で確認しましょう。録音を聞いて質問に答えてみてください。 MP3 14-1-00

1. 目上の人や初めて会った人にどのように自己紹介をしますか。次の文を覚えましょう。（怎

   様向身份或地位高的人及初次见面的人介绍自己？记住下列句子吧！）

   初めまして、吉田と申します。どうぞよろしくお願いいたします。

   今年2月に日本へまいりました。横浜に住んでおります。

2. 目上の人などを手伝う時、どのように申し出ますか。次の言い方を覚えておきましょう。

   （想帮助身份或地位高的人时，应该怎样说呢？记住下列说法吧！）

   先生、お荷物をお持ちします。

   お客様、お部屋へご案内いたします。

   ガイドブックがありますから、お見せしましょう。

基礎編

聞いて選びましょう

一、録音を聞いて、その内容と合っているものに○を、違うものに×をつけてください。

MP3 14-1-01

> **听力要点** 快速观察图片，同时思考与图片信息相关的日语表达方式。重点听：包含自
> 谦语的内容。

1. ＿＿＿＿＿＿＿＿　　2. ＿＿＿＿＿＿＿＿　　3. ＿＿＿＿＿＿＿＿

先生　←　学生　　　　太郎　→　太郎のお母さん　　　太郎　→　太郎の先生

4. _____　5. _____　6. _____

二、会話を聞いて、その内容と合っている絵を選んでください。 MP3 14-1-02

> **听力要点**　先读取图片信息，仔细观察A、B两幅图的区别，并思考与图片信息相关的词汇，然后有针对性地听录音。重点听：包含自谦语的内容。

1.

A　　　　　　　　　　　　　　　B

（　　　）

2.

A　　　　　　　　　　　　　　　B

（　　　）

3.

A　　　　　　　　　　　　　　　　B

（　　　）

4.

A　　　　　　　　　　　　　　　　B

（　　　）

三、会話を聞いて、その内容と合っているものを選んでください。 MP3 14-1-03

听力要点　先阅读选项，找出两者间的区别，并思考与其相关的日语表达方式，然后有针对性地听录音。重点听：包含自谦语的内容。

1. A：先月　　　　　　　B：4年前　　　　　　　　　（　　　）
2. A：浴衣とタオル　　　B：浴衣とタオルとドライヤー　（　　　）
3. A：Aコース　　　　　B：Bコース　　　　　　　　　（　　　）

▶ 聞いて書き入れましょう

四、次は初対面のあいさつです。例にならって、女の人の自己紹介の内容を書いてください。 MP3 14-1-04

听力要点　阅读给出的题目信息，仿照例题，有针对性地记录录音中的关键信息。重点听：谈论的话题和女子的自我介绍。

	名前	出身地	日本に来た時間	住所
例	孫	中国・大連	今年の1月	品川
1				
2				

五、得意先との会話です。その会話を聞いて、例のように書いてください。 MP3 14-1-05

🎧 **听力要点** 阅读给出的题目信息，仿照例题，有针对性地归纳录音中的关键信息。重点听：包含自谦语的内容。

例　　A社の本村部長　は　B社の田中課長　に会いたいと思っています。

1. _____は_____に送ってもらった書類について聞きたいと思っています。

2. _____は設計図を見ながら_____を待っています。

単語と表現-1

目上①③	上司；长辈	参る①	去
お目にかかる	见到，看到	マレーシア②	马来西亚
席を外す	离席，离开座位	コース①	路线
授業参観	开放课堂	予定⓪	计划，预定
いらっしゃる④	在；来；去	空き⓪	空着，空闲
伺う⓪	请教；拜访	生憎⓪	不凑巧，不合时机
スプーン②	勺子，汤匙	住まい①②	住所
事務室②	办公室	アルバイト③	打工
包装紙③	包装纸	結構①	足够的，充分，令人满意的
包む②	包装，包上		
リボン①	丝带，缎带	依頼⓪	委托；依靠
タオル①	毛巾	設計図③	设计图
浴衣⓪	浴衣	申す①	说，告诉
ドライヤー⓪②	吹风机	拝見⓪	拜读；拜见

応用編

聞いて書き入れましょう

六、録音を聞いて、絵の内容を完成してください。 MP3 14-1-06

> 🔊 **听力要点** 注意图片中给出的信息，提取录音中的关键信息后，完成下面的内容。

七、録音を聞いて、_____に適当な言葉を書き入れてください。録音は3回繰り返します。 MP3 14-1-07

> 🔊 **听力要点** 听写原文，注意日语的正确书写方式。

　　①_____ます。その後皆様(ごみなさま)お変(か)わりございませんか。私(わたくし)どもも元気(げんき)に②_____
_____ます。時(とき)が経(た)つのは早(はや)いもので、札幌(さっぽろ)でお会(あ)いしてからもう半年(はんとし)になりますね。その節(せつ)はおかげさまで楽(たの)しい旅行(りょこう)をすることができました。円山動物園(まるやまどうぶつえん)へ③_____
_____たり、懐石料理(かいせきりょうり)のお店(みせ)に④_____ていただいたりしたことなど、

写真を見ながら懐かしく⑤＿＿＿＿＿＿＿ます。本当にありがとうございました。本日 心ばかり（微薄的心意）のものですが、⑥＿＿＿＿＿＿＿ので、お納めくださいませ。

シャドーイングしてみましょう

八、録音を聞きながらシャドーイングしてみましょう。 MP3 14-1-08

🔊 **听力要点** 注意语速、语音、语调。反复跟读录音，直至熟练。

1. 男：これ、お願いします。
   女：はい、7380円でございます。
   男：すみませんが、1万円でお願いします。
   女：はい、それでは2620円のおつりでございます。
2. 男：すみません、これ、配達してもらえますか。
   女：はい、かしこまりました。お届けするのは2日後になりますが、よろしいでしょうか。
   男：ええ、かまいません。じゃ、よろしくお願いします。
   女：はい、かしこまりました。
3. 女：上田さんはテニスが得意だそうですね。
   男：ええ、学生時代からやっていますから。
   女：そうですか。ちょっと教えていただけませんか。
   男：ええ、いつでもお教えしますよ。
4. 女：雨が降ってきましたね。傘、お貸ししましょうか。
   男：あ、じゃ、お借りします。
5. 女：お客様、ご注文は？
   男：ええと、サンドイッチとコーヒー、それからサラダか何かある？
   女：はい、ございます。
   男：じゃ、それ。それからアイスクリームもね。それは食事の後でいいよ。
   女：コーヒーはいつお持ちしましょうか。
   男：食事と一緒でいいよ。

▶ **話してみましょう**

九、あなたは大学のサークルに入りました。初めての日、みんなの前で自己紹介をしてみてください。(MP3) 14-1-09

単語と表現-2

もつ鍋⓪	日式牛杂锅	節①	时节，时候
返事③	回复，回信	懐石料理⑤	怀石料理
幹事①	干事	心配り④	关怀，照料
取り急ぎ⓪	立即，赶紧	納める③	笑纳
居る①	在，有	お釣り⓪	找的零钱
暮らす⓪	生活，度日		

14-2 お休みになる前に召し上がってください

聞く前に

まず自分で確認しましょう。録音を聞いて質問に答えてみてください。 MP3 14-2-00

1. 目上の人や初めて会った人にどのように趣味を聞きますか。次の言葉や表現を覚えましょ

   う。（怎样向身份或地位高的人及初次见面的人询问他们的兴趣爱好呢？记住下列句子的用法吧！）

   よく映画をご覧になりますか。　　　　　よく本をお読みになりますか。

   よくテニスをなさいますか。

2. 家にお客さんが来た時、どんなあいさつをしますか。お客さんにどんなものを出します

   か。次の言い方を覚えておきましょう。（当家里来客人时，该怎样打招呼呢？又该怎样招待客人呢？

   记住下列句子的用法吧！）

   どうぞお入りになってください。　　　　コーヒーを召し上がってください。

   どうぞソファーにおかけください。

基礎編

聞いて選びましょう

一、録音を聞いて、その内容と合っているものに〇を、違うものに×をつけてください。

MP3 14-2-01

🔊 **听力要点** 快速观察图片，同时思考与图片信息相关的日语表达方式。重点听：包含敬
语表达方式的内容。

1. ＿＿＿＿＿＿＿＿＿　　2. ＿＿＿＿＿＿＿＿＿　　3. ＿＿＿＿＿＿＿＿＿

4. ＿＿＿＿＿＿＿　　5. ＿＿＿＿＿＿＿　　6. ＿＿＿＿＿＿＿

二、会話を聞いて、その内容と合っている絵を選んでください。 🎧 14-2-02

🔊 **听力要点**　先读取图片信息，仔细观察A、B两幅图的区别，并思考与图片信息相关的词汇，然后有针对性地听录音。重点听：包含敬语表达方式的内容。

1.

A

B

（　　　）

2.

A

B

（　　　）

3.

A

B

（　　　　）

4.

A

B

（　　　　）

三、会話を聞いて、その内容と合っているものを選んでください。 MP3 14-2-03

听力要点　先阅读选项，找出两者间的区别，并思考与其相关的日语表达方式，然后有针对性地听录音。重点听：包含敬语表达方式的内容。

1. Ａ：大学の先生　　　Ｂ：大学生　　　　　　　　（　　　　）
2. Ａ：男の人　　　　　Ｂ：男の人の友達　　　　　（　　　　）
3. Ａ：土曜の夜　　　　Ｂ：日曜の夜　　　　　　　（　　　　）

聞いて書き入れましょう

四、会話を聞いて、例のように男の人が間違ったところを書いてください。 MP3 14-2-04

> **听力要点** 阅读给出的题目信息，仿照例题，有针对性地记录录音中的关键信息。重点听：敬语使用错误的地方。

	誤	正
例	コーヒーを飲みたいですか。	コーヒーを召し上がりますか。
1		
2		

五、会話を聞いて、例のように書いてください。 MP3 14-2-05

> **听力要点** 阅读给出的题目信息，仿照例题，有针对性地归纳录音中的关键信息。重点听：每个家庭的情况。

> 例　女の人は冬休み＿＿二人の妹＿＿と＿＿三人＿＿で沖縄へ行きます。ご両親は＿行きません＿。

1. 部長は＿＿＿＿＿とよく似ています。部長の子ども＿＿＿＿＿とも高校生です。
2. 男の人は昨日妹と＿＿＿＿＿へ＿＿＿＿＿に行きました。男の人は＿＿＿＿＿家族です。

単語と表現-1

おいでになる	来；去；在	尊敬語⓪	尊敬语
召し上がる⓪④	吃；喝	得意先⓪	顾客，客户
上がる⓪	上；进门	謙譲語⓪	自谦语
なさる②	做	外出⓪	出门，外出
呼ぶ⓪	叫，喊，叫来	変①	奇怪，反常
思い切る④⓪	决意，决心	姉妹①	姐妹
すっきり③	痛快，舒畅	卒業⓪	毕业
弁護士③	律师	決まる⓪	决定，定下来，规定
寝坊⓪	睡懒觉		

応用編

聞いて書き入れましょう

六、次の文章はマッサージ機についての話です。録音を聞いて、絵の内容を完成してください。 MP3 14-2-06

听力要点 注意图片中给出的信息，提取录音中的关键信息后，完成下面的内容。

マッサージ機

肩こりでお悩みの方

　　　　10日間 1.　　　　　でお試しいただける

```
┌─────────────────────────────┐
│        は が き              │
│  住  所： _____   │
│  2.     ： _____   │
│  年  齢： _____   │
└─────────────────────────────┘
```

お買い上げの場合： 3.　　　　　を15日以内にお送り
ください

ご返品の場合：お届けの日から 4.　　　　　以内

　　　　　　　　　住所：○○市○○区3丁目16-1

---

1. _____　　　2. _____

3. _____　　　4. _____

七、ガイドの話を聞いて、＿＿＿＿＿に適当な言葉を書き入れてください。録音は3回繰り返します。 ⏺ 14-2-07

> 🔊 **听力要点** 听写原文，注意日语的正确书写方式。

　　バスはまもなく次の目的地、旭山動物園に到着いたします。皆様には動物園の前にあります駐車場で降りていただきまして、①＿＿＿＿＿＿いたします。その後は自由行動となりますので、②＿＿＿＿＿ください。お昼ご飯もこちらでとります。園内の中央に③＿＿＿＿＿＿ので、12時半に1階④＿＿＿＿＿＿ください。私がお席にご案内いたします。この動物園には珍しい動物がたくさんいますので、ぜひ⑤＿＿＿＿＿ませ。はい、今、到着いたしました。出発時刻は2時半です。10分前までに、必ず⑥＿＿＿＿＿ください。

シャドーイングしてみましょう

八、録音を聞きながらシャドーイングしてみましょう。 ⏺ 14-2-08

> 🔊 **听力要点** 注意语速、语音、语调。反复跟读录音，直至熟练。

1. 女：昨日のレセプション、いらっしゃらなかったんですね。
   男：ええ。ほかに用があって、出られなかったんです。鈴木社長はいらっしゃったんですか。
   女：ええ、でも、途中で帰られましたよ。
2. 男：井上さんにお渡ししようと思っているものがあるんですけど、いつアメリカへお発ちになるかご存知ですか。
   女：先週、お会いした時には、来月の中ごろとおっしゃっていましたけど。
3. 女：木村先生、先ほど新聞をお読みになっていましたね。あれ、今お持ちでしょうか。
   男：ああ、あれは学長先生にお借りしたもので、もうお返ししました。
4. 男：ご主人がこの間ショールームへいらっしゃった時、ほしいとおっしゃった車のカタログを持ってまいりました。
   女：そうですか。それはどうもご苦労様。
5. 男：鈴木先生は3か国語もお話しになるんですね。
   女：ええ、先生はお父さんが外交官で、長く外国に住んでいらっしゃったようです。

話してみましょう

九、あなたの先生は、最近仕事が忙しくて疲れているようです。先生に健康のためにしたほうがいいことを勧めてください。 MP3 14-2-09

単語と表現-2

悩み③	烦恼，苦恼	間もなく②	不一会儿
マッサージ機	按摩仪	レセプション②	招待会，宴会
買い上げ⓪	购买	発つ①	出发，动身
下記①	下述，下列	ショールーム③	商品展出室，样板间
お気に召す	中意，合意	カタログ⓪	商品目录
返品⓪	退货，退回的货品	外交官③	外交官

アナウンス・メディア放送

目標

① 能听懂广播播放的基本内容

② 掌握广播的常用表达方式

③ 掌握听广播重要信息的技巧

15-1　ご来店のお客様にご案内申し上げます

聞く前に

まず自分で確認しましょう。録音を聞いて質問に答えてみてください。 🎵 15-1-00

1. 駅のホームや車内放送などが聞き取れますか。次の言葉を覚えましょう。（你能听懂车站站台

   或者车内的广播通知吗？记住下列词语吧！）

   ２番線　発車　到着　白い線　下がる　自由席　３号車　停車駅

2. デパートやスーパーなどでの店内放送が聞き取れますか。次の言葉を覚えましょう。（你能听

   懂百货商店或者超市里的广播通知吗？记住下列词语吧！）

   婦人服　紳士服　売り場　催し場　催し物　開店　閉店

3. 緊急時の避難指示や緊急呼び出しなどのアナウンスが聞き取れますか。次の言葉を覚えま

   しょう。（你能听懂紧急避难及紧急呼叫时的广播通知吗？记住下列词语吧！）

   危険性が高い　安全な場所　避難する　火災の発生　非常口　至急

基礎編

聞いて選びましょう

一、録音を聞いて、その内容と合っている絵の下にA〜Fの番号を書いてください。 🎵 15-1-01

> 🔊 **听力要点**　快速观察图片，同时思考与图片信息相关的日语表达方式。重点听：公共场所广播通知的基本内容。

1. _____　2. _____　3. _____

4. _____ 5. _____ 6. _____

二、アナウンスを聞いて、その内容と合っている絵を選んでください。 MP3 15-1-02

听力要点 先读取图片信息，仔细观察A、B两幅图的区别，并思考与图片信息相关的词汇，然后有针对性地听录音。重点听：不同公共场所的广播传达的不同内容。

1.

A   B

(   )

2.

A

B

(   )

3.

A

B

(　　　)

4.

A

B

(　　　)

5.

A

B

(　　　)

三、録音を聞いて、その内容と合っているものを選んでください。 MP3 15-1-03

<blockquote>
🔊 **听力要点**　先阅读选项，找出两者间的区别，并思考与其相关的日语表达方式，然后有针对性地听录音。重点听：下面的公共广播通知属于哪种类型。
</blockquote>

1. A：駅のお忘れ物のお知らせ　　　B：駅の到着のご案内　　　　　(　　　)
2. A：デパートの開店のご案内　　　B：デパートの買物のご案内　　(　　　)
3. A：車内アナウンス　　　　　　　B：機内アナウンス　　　　　　(　　　)

▶ 聞いて書き入れましょう

四、次はデパートやお店などの店内放送です。録音を聞いて、例のように書いてください。

MP3 15-1-04

> 🔊 **听力要点** 阅读给出的题目信息，仿照例题，有针对性地记录录音中的关键信息。重点听：广播通知中涉及的主要话题。

> **例** 当店（とうてん）の__野菜（やさい）コーナー__では、__リンゴが1個（こ）、98円（えん）__で、大変（たいへん）お安（やす）くなっております。

1. 当店（とうてん）、＿＿＿＿＿＿＿売（う）り場（ば）では、＿＿＿＿＿＿＿＿＿＿＿＿が特別（とくべつ）ご奉仕（ほうし）価格（かかく）となっております。

2. 15時（じ）から8階（かい）＿＿＿＿＿＿＿にて、鈴木（すずき）マリの＿＿＿＿＿＿＿を行（おこな）います。

五、アナウンスです。録音を聞いて、例のように書いてください。 MP3 15-1-05

> 🔊 **听力要点** 阅读给出的题目信息，仿照例题，有针对性地归纳录音中的关键信息。

> **例** つばき銀行（ぎんこう）：__冬（ふゆ）のボーナスキャンペーン__を実施（じっし）しています。

1. FANグループ：＿＿＿＿＿＿＿を用意（ようい）しています。
2. 当店（とうてん）：＿＿＿＿＿＿＿を安（やす）く売（う）っています。

単語と表現-1

下（さ）がる②	后退	迷子（まいご）①	走失的孩子
発車（はっしゃ）⓪	发车	至急（しきゅう）⓪	快速，迅速
列車（れっしゃ）⓪①	列车	婦人服（ふじんふく）②	女装
献血（けんけつ）バス	移动献血车	奉仕（ほうし）①⓪	（商品）廉价销售
年末年始（ねんまつねんし）	年末年初	ボーナス①	奖金
火災（かさい）⓪	火灾	キャンペーン③	活动
発生（はっせい）⓪	发生	先着（せんちゃく）⓪	先到
一時（いちじ）②	暂时，临时	運賃（うんちん）①	车费
避難（ひなん）①	避难	日頃（ひごろ）⓪	平素
均一（きんいつ）⓪	（价格）均一	ソフトクリーム⑤	蛋卷冰激凌
買（か）い得（どく）⓪	合算，买的便宜	販売（はんばい）⓪	销售

応用編

聞いて書き入れましょう

六、録音を聞いて、絵の内容を完成してください。 🎵 15-1-06

> 🎧 **听力要点**　注意图片中给出的信息，提取录音中的关键信息后，完成下面的内容。

【クールビズ実施内容】

実施時間：1. ＿＿＿＿＿＿＿

① 軽装化：2. ＿＿＿＿＿＿＿

② 名札に「クールビズ」表示をして意識向上

③ うちわの積極的な活用

④ 事務所のエアコンを
　　　3. ＿＿＿＿＿＿＿設定する

○○○会社
田中　XX
NO.123456 クールビズ

1. 実施期間：＿＿＿＿＿＿＿＿＿＿＿＿＿＿＿＿＿＿＿＿＿＿。
2. 軽装化：＿＿＿＿＿＿＿＿＿＿＿＿＿＿＿＿＿＿＿＿＿＿。
3. エアコンの設定温度：＿＿＿＿＿＿＿＿＿＿＿＿＿＿＿。

七、録音を聞いて、＿＿＿＿＿＿＿＿に適当な言葉を書き入れてください。録音は3回繰り返します。 🎵 15-1-07

> 🎧 **听力要点**　听写原文，注意日语的正确书写方式。

　　本日は大和デパートへ①＿＿＿＿＿＿＿＿＿＿＿＿、まことにありがとうございます。ただいま、②＿＿＿＿＿＿＿＿＿＿＿にて、紳士服冬物③＿＿＿＿＿＿＿＿＿を開催しております。冬物のコート、スーツ、④＿＿＿＿＿＿＿、ネクタイなどを⑤＿＿＿＿＿＿＿＿＿＿＿でご奉仕させていただいております。皆様のお越しをお待ちしております。

シャドーイングしてみましょう

八、録音を聞きながらシャドーイングしてみましょう。 MP3 15-1-08

> 🔊 **听力要点** 注意语速、语音、语调。反复跟读录音，直至熟练。

1. 男：この電車は山手線、新宿・池袋方面行きです。次は原宿、原宿。お出口は左側です。

2. 女：本日、太陽デパートにご来店いただきまして、まことにありがとうございます。ご来店のお客様に、催し物のご案内を申し上げます。

3. 男：ただいま、3階特売会場におきまして、秋の特売セールを実施しております。皆様、お誘い合わせの上、お越しくださいませ。

4. 男：皆様、みどり動物園は閉店時間となりました。楽しい一日をお過ごしいただけましたでしょうか。またお越しいただける日を心よりお待ち申し上げます。

5. 男：ただいま、緊急地震速報が発表されていましたが、当館が安全です。落ち着いて、係員の指示に従ってください。

話してみましょう

九、 あなたが住んでいる町の地下鉄や電車の車内放送、またデパートやスーパーの案内放送を聞いて、その中国語を日本語に直してください。その後で、みんなで話し合ってください。 MP3 15-1-09

単語と表現-2

クールビズ④	夏季工装便装化	事務所②	事务所，办公室
実施⓪	实施	エアコン⓪	空调
取り組む③⓪	开始实施，落实	紳士服③	男装
軽装化	便装化	冬物⓪	冬装
名札⓪	工号牌，姓名卡	開催⓪	举办，举行
団扇②	团扇	催し物⓪	促销活动
積極的⓪	积极地	特売⓪	特卖
活用⓪	活用	係員③	负责人员
室温⓪	室温		

15-2 明日晴れ時々曇りとなるでしょう

聞く前に

まず自分で確認しましょう。録音を聞いて質問に答えてみてください。 MP3 15-2-00

1. 天気予報がどれぐらい聞き取れますか。天気予報と関係のある言葉を覚えましょう。（你能听

   懂天气预报吗？记住下列与天气预报有关的词语吧！）

   高気圧　　低気圧　　晴れ　　大雨　　大雪　　台風

2. ラジオやテレビのニュースでは、いろいろな注意報を出します。どんな注意報がありますか。

   次の言葉を覚えましょう。（收音机广播和电视新闻里会发出什么样的气象警报？记住下列词语吧！）

   花粉注意報　　大雪注意報　　波浪注意報　　台風注意報

3. ニュースを聞く時、「5W1H」を常に気をつけなければなりません。その内容を知っていますか。

   （你知道听新闻时应注意的"5W1H"的内容吗？）

   Who（誰が）　　　When（いつ）　　　Where（どこで）

   What（何を）　　　Why（なぜ）　　　How（どのように）

基礎編

聞いて選びましょう

一、録音を聞いて、その内容と合っているものに○を、違うものに×をつけてください。

MP3 15-2-01

🔊 **听力要点**　快速观察图片，同时思考与图片信息相关的日语表达方式。重点听：天气预报播报的天气情况，如气温及降水情况。

1. ＿＿＿＿＿＿＿＿　　2. ＿＿＿＿＿＿＿＿　　3. ＿＿＿＿＿＿＿＿

東京　5日(水)　雨のち曇　13℃　5℃　60%

名古屋　30%

広島　7日(金)　曇時々晴　9℃　0℃　30%

4. _____　　5. _____　　6. _____

二、録音を聞いて、その内容と合っている絵を選んでください。 MP3 15-2-02

听力要点　先读取图片信息，仔细观察A、B两幅图的区别，并思考与其相关的词汇，然后有针对性地听录音。重点听：气象预报和灾害、灾难警报的基本内容。

1.

13(月)	14(火)
雪 時々 止む	くもり 時々 雪
-5 / -9	-3 / -8
- %	60 %
信頼度:-	信頼度:-

A

13(月)	14(火)
晴れ 時々 くもり	くもり
8 / 3	8 / 3
- %	40 %
信頼度:-	信頼度:-

B

(　　　)

2.

2月上旬頃　九州・東海地方

A

2月下旬頃　東海・北陸地方

B

(　　　)

3.

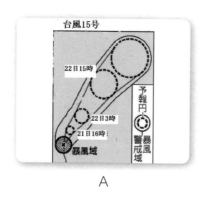

(　　)

4.

(　　)

三、録音を聞いて、その内容と合っているものを選んでください。 🎧15-2-03

听力要点　先阅读选项，找出两者间的区别，并思考与其相关的日语表达方式，然后有针对性地听录音。重点听：广播中涉及的信息分类。

1. A：桜前線　　　　　　B：花粉前線　　　　　　　　(　　)
2. A：天気予報　　　　　B：交通情報　　　　　　　　(　　)
3. A：株価の値動き　　　B：円相場情報　　　　　　　(　　)

　📝 **聞いて書き入れましょう**

四、録音を聞いて、例のように書いてください。 🎧15-2-04

听力要点　阅读给出的题目信息，仿照例题，有针对性地记录录音中的关键信息。重点听：访谈节目中的主要意见和观点。

例　睡眠を改善する方法：　規則正しい生活をすること　。
1. アルバイトを許可する理由：＿＿＿＿＿＿＿＿＿＿＿＿＿＿＿＿。
2. 今年の特別企画：＿＿＿＿＿＿＿＿＿＿＿＿＿＿＿＿＿＿＿＿＿。

五、録音を聞いて、例のように書いてください。 MP3 15-2-05

听力要点 阅读给出的题目信息，仿照例题，有针对性地归纳录音中的关键信息。

例 観光や航空など一部の＿＿業界＿＿をのぞき、企業の採用が＿＿2018年に近い水準＿＿に戻っています。

1. 成人年齢の＿＿＿＿＿＿＿＿に引き下げに伴い、伊賀市で「＿＿＿＿＿＿＿＿」が開催されました。

2. 北海道では今後、インフルエンザが＿＿＿＿＿＿＿おそれがありますから、国立感染症研究所は、今後、＿＿＿＿＿＿や＿＿＿＿＿＿などを徹底するよう呼びかけています。

単語と表現-1

見込み⓪	预计	企画⓪	企划，规划
次第に⓪	逐渐地	素敵⓪	漂亮，雅致
花粉前線④	花粉前线	ポイント⓪	点
予測⓪	预测	上昇⓪	上升，提高
例年並み	与往年一样	過去①	过去
上陸⓪	登陆	水準⓪	水平
速報⓪	（新闻）快报	採用⓪	录用
警戒⓪	警戒	引き下げ⓪	降低
平年⓪	往年，常年	成人式③	成人仪式
通行止め	禁止通行	インフルエンザ⑤	流感
為替⓪	外汇	流行期	流行期
円相場③	日元汇率	各地①	各地
取引②	交易	大流行③	盛行
改善⓪	改善	患者⓪	患者
規律正しい	有规律的	着用⓪	佩戴
布団⓪	被褥	手洗い②	洗手
ごろごろ①	翻来覆去	徹底⓪	彻底
許可①	许可		

応用編

聞いて書き入れましょう

六、録音を聞いて、次の文を完成してください。 🎵 15-2-06

> 🔊 **听力要点** 注意图片中给出的信息，提取录音中的关键信息后，完成下面的内容。

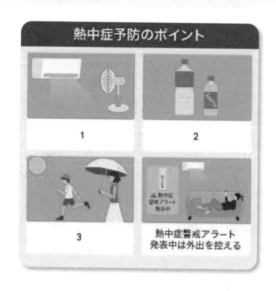

1. 室内にいる時：＿＿＿＿＿＿＿＿＿＿＿＿＿＿＿＿＿＿＿＿。
2. 喉の渇きを感じる前に：＿＿＿＿＿＿＿＿＿＿＿＿＿＿＿。
3. 外に出かける時：＿＿＿＿＿＿＿＿＿＿＿＿＿＿＿＿＿。

七、録音を聞いて、＿＿＿＿＿＿に適当な言葉を書き入れてください。録音は3回繰り返します。 🎵 15-2-07

> 🔊 **听力要点** 听写原文，注意日语的正确书写方式。

　　テレビの番組で解説者が話しています。

　　「えー、①＿＿＿＿＿＿＿＿＿＿人は、頭がカーッとなってしまって、正しい判断もつかなくなり、猛スピードで逃げたり、相手と口論したりしがちなんですが、これでは②＿＿＿＿＿＿＿＿＿＿だけで、何の助けにもなりません。ですから、これを避けるために、事故の時の③＿＿＿＿＿＿＿、車の止まった位置や、④＿＿＿＿＿＿＿、周囲の交通状態などをできるだけ正確に把握して、⑤＿＿＿＿＿＿＿に報告しなければなりません。」

シャドーイングしてみましょう

八、録音を聞きながらシャドーイングしてみましょう。MP3 15-2-08

> 🎧 **听力要点** 注意语速、语音、语调。反复跟读录音，直至熟练。

1. 女：天気予報は曇りだって言ってたけど、雨が降らないとも限らないわよ。

   男：じゃ、念のため、傘を持っていこうか。

2. 男：今年の夏はどんな夏になるでしょうか。

   女：そうですね。天気予報では、暑い日が去年よりも長く続きそうだと言ってた。

3. 男：18時より3番スクリーンにて『花火』を上映いたします。『花火』をご覧のお客様、ただいまよりご入場を開始いたします。

   女：あら、入場のアナウンスです。そろそろ入りましょうか。

4. 男：医者に生活習慣を見直しなさいって言われちゃった。

   女：テレビで、「一日万歩以上歩くと寿命が延びる」って言ってたよ。

5. 女：化粧品を使えば、それだけできれいになるでしょうね。

   男：コマーシャルで、「大切なのはきちんと汚れを落とすこと」だと言ってたよ。

話してみましょう

九、テレビの天気予報をまねして、明日の天気を予報してみましょう。MP3 15-2-09

単語と表現-2

熱中症 ⓪	中暑	把握 ⓪	把握
扇風機 ③	风扇	スクリーン ③	放映厅；银幕
スポーツドリンク ⑥	运动饮料	上映 ⓪	上映
麦茶 ②	大麦茶	生活習慣	生活习惯
工夫 ⓪	下功夫	見直す ⓪③	重新审视
解説者 ③④	解说员	寿命 ⓪	寿命
口論 ①⓪	争吵	化粧品 ⓪	化妆品
不利 ①	不利	コマーシャル ②	电视广告
避ける ②	躲避，避开		

Memo

第16課 総合練習

番号	問題1	問題2	問題3	問題4	問題5	問題6	問題7	合計
点数	10	10	10	20	20	20	10	100
得点								

問題1　録音を聞いて、次の文の＿＿＿＿＿＿に適当な平仮名を書き入れてください。2回読みますから、よく聞いてください。　（1×10）

1. 先週、新商品の＿＿＿＿＿＿で初めて藤田さんと会ったんですよ。

2. もし＿＿＿＿＿＿に乗れなかったら、タクシーで帰りましょう。

3. それは、世界で一番最初に作られた電気＿＿＿＿＿＿ですよ。

4. ＿＿＿＿＿＿なので、小さめで食べ物がたくさん入るような冷蔵庫を買いたいです。

5. うちの子は、そんな＿＿＿＿＿＿はないでしょう。

6. 札幌は、雪、時々曇りの＿＿＿＿＿＿です。

7. 今の子どもは大変ですね。勉強のほかにみんな＿＿＿＿＿＿なども習っていますから。

8. これ以外にも、食べ物の＿＿＿＿＿＿はいろいろあります。

9. 日本ではお見舞いに＿＿＿＿＿＿の花をあげてはいけないことになっているんです。

10. 誕生日用の＿＿＿＿＿＿でお包みしてリボンをおかけしましょうか。

問題2　録音を聞いて、次の文の＿＿＿＿＿＿に適当な漢字を書き入れてください。2回読みますから、よく聞いてください。　（1×10）

1. これを押すと、＿＿＿＿＿＿が入ります。

2. 歯は3分間しっかりと磨かないと＿＿＿＿＿＿になるよ。

3. 私は一度、朝の＿＿＿＿＿＿で、ドアにかばんを挟まれたこともあります。

4. この映画館では毎週の火曜日は＿＿＿＿＿＿で映画を見ることができます。

5. 「切れる」は「別れる」を＿＿＿＿＿＿させるからです。

6. 先日ご＿＿＿＿＿＿のあった書類、お送りしました。

7. 通常は、10日前後で＿＿＿＿＿＿が落ち着き、治ります。

8. 李さんに聞きましたが、水曜日の会話の授業って＿＿＿＿＿＿なんですか。

9. 4階の紳士服売り場では、スーツが＿＿＿＿＿＿と、大変お買い得になっております。

10. まことに勝手ながら、＿＿＿＿＿＿の営業時間についてお知らせいたします。

問題3 録音を聞いて、次の文の_____に適当な片仮名を書き入れてください。2回読みますから、よく聞いてください。（1×10）

1. _____が済んだら、空港の人は手荷物の検査をします。

2. 日本人の結婚観について、_____調査をしました。

3. 「チキンラーメン」は世界最初の_____だそうです。

4. コーヒーカップとか_____とか何かきれいで実用的なものがいいです。

5. レストラン「オレンジ」が2月14日、銀座に_____いたします。

6. 私は飲食店の_____でアルバイトをしています。

7. _____にはやればできそうなこともけっこう載っています。

8. 車を運転する時は、必ず_____を締めておきなさいよ。

9. 私たちみんなでもう一度、交通ルールと_____を確認しましょう。

10. 当社は、_____を実施し、省エネに取り組んでおります。

問題4 まず絵を見ながら質問を聞いてください。それから録音を聞いて、A、B、C、Dの中から、最もよいものを一つ選んでください。1回だけ読みますから、よく聞いてください。（2×10）

1.

A

B

C

D

（　　　　）

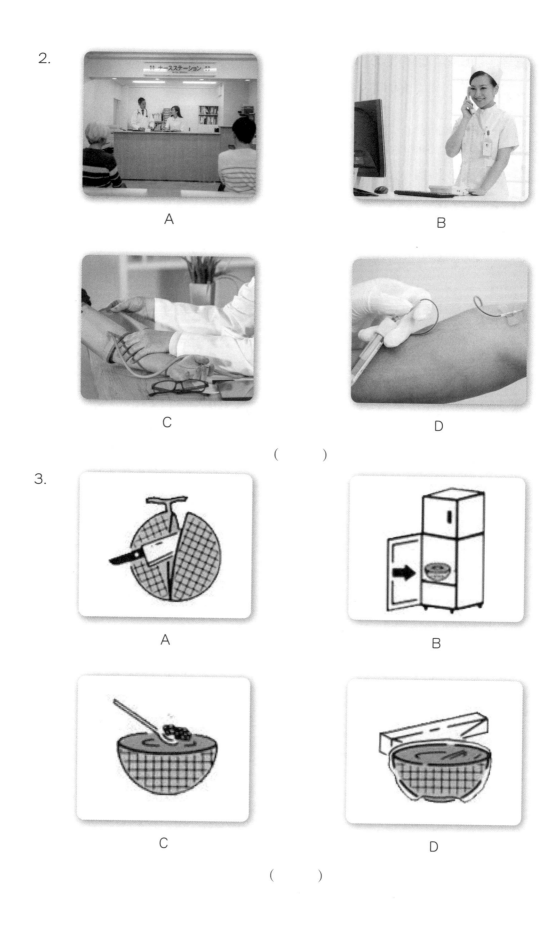

2.

A

B

C

D

(　　)

3.

A

B

C

D

(　　)

4.

A

B

C

D

(　　　)

5.

A

B

C

D

(　　　)

6.

A

B

C

D

（　　　）

7.

A

B

C

D

（　　　）

8.

A

B

C

D

9.

A

B

C

D

(　　　)

10.

A

B

C

D

問題5　この問題には絵はありません。録音を聞いて、最もよいものを一つ選んでください。1回だけ読みますから、よく聞いてください。（2×10）

1.（　　　）2.（　　　）3.（　　　）4.（　　　）5.（　　　）
6.（　　　）7.（　　　）8.（　　　）9.（　　　）10.（　　　）

問題6　録音を聞いて、＿＿＿＿＿＿に適当な言葉を書き入れてください。2回読みますから、よく聞いてください。（1×20）

1. 東京で一人暮らしをしている20代女子大学生。将来についての相談です。

　　卒業が①＿＿＿＿＿＿のですが、就職活動がうまくいっていません。ある貿易会社は②＿＿＿＿＿＿で落ち、ほかの会社では面接で上がってしまい、頭の中が③＿＿＿＿＿＿になりました。

　　周りは「まだまだチャンスはある」と④＿＿＿＿＿＿のですが、そろそろ正社員になれなかった時のことも覚悟しなければならないと思います。そうなれば、⑤＿＿＿＿＿＿な身分で働きながら、生きていくことになるでしょう。

　　これまで育ててくれた両親のことも⑥＿＿＿＿＿＿です。我が家は⑦＿＿＿＿＿＿ではありません。私のお金で、旅行に連れていくなど⑧＿＿＿＿＿＿がしたいのですが、かなわないかもしれません。

正社員になれなかったら、世の中から⑨＿＿＿＿＿＿＿＿で見られたりするのだろうかと、まだ起きてもいないことにおびえている始末です。このような不安を抱えている人は、ほかにもいるのではと思います。何か⑩＿＿＿＿＿＿＿＿をお願いします。

2．女子大生のご相談についてのある作家からのアドバイスです。

まず、なぜ受け入れてもらえなかったのか、そこのところを⑪＿＿＿＿＿＿＿分析してみましょう。失敗を⑫＿＿＿＿＿＿＿ためにも、⑬＿＿＿＿＿＿＿は大切です。

面接で気持ちが高ぶるのは普通ですが、どうして上がってしまうのか、なぜ上手に相手の質問に答えられないのか、理由を⑭＿＿＿＿＿＿限り、進歩がありません。⑮＿＿＿＿＿＿＿があるのなら直せばよろしい。

あなたは悪い方向ばかり見るきらいがありますね。それが⑯＿＿＿＿＿＿＿や言葉に現れることはありませんか。

こちらが考えるほど、人はこちらを考えていないものです。あなたは人の表情を⑰＿＿＿＿＿＿＿のかもしれません。だから、相手が自分をどう見ているかが、すごく気になるのだと思います。

あなたが思う通りにいかなくとも、あなたを悪く言う人などはいません。こんなことで⑱＿＿＿＿＿＿＿と、会社はあなたを自信のない人だと見て取ります。そうすると、せっかくの⑲＿＿＿＿＿＿＿恐れがあります。さあ、心機一転、明るく⑳＿＿＿＿＿＿＿、挑戦、挑戦。

問題7 録音を聞いて、録音の内容と合っている文に○を、合っていない文に×をつけてください。2回読みますから、よく聞いてください。（2×5）

1.（　　）　　2.（　　）　　3.（　　）　　4.（　　）　　5.（　　）

Memo

Memo

Memo